Heinrich Joseph Floss, Johann GILDEMEISTER

J. Gildemeister und das Bonner Universitätsprogramm zum 3. August 1866

Heinrich Joseph Floss, Johann GILDEMEISTER

J. Gildemeister und das Bonner Universitätsprogramm zum 3. August 1866

ISBN/EAN: 9783741158599

Manufactured in Europe, USA, Canada, Australia, Japa

Cover: Foto ©Andreas Hilbeck / pixelio.de

Manufactured and distributed by brebook publishing software
(www.brebook.com)

Heinrich Joseph Floss, Johann GILDEMEISTER

J. Gildemeister und das Bonner Universitätsprogramm zum 3.

August 1866

J. Gildemeister

und

das Bonner Universitätsprogramm

zum 3. August 1866.

Eine kritische Würdigung der aus der Berliner Handschrift Nro. 18
veröffentlichten griechischen Fragmente.

Von

Heinrich Joseph Floß
Professor in Bonn.

Freiburg im Breisgau
Herder'sche Verlagshandlung
1867.

Im verflossenen Sommer hatte ich das Einladungsprogramm zur Feier des 3. August als des Geburtstages des Stifters unserer Universität anzufertigen. Dieser Obliegenheit entledigte ich mich durch die Veröffentlichung anonymer, am Anfange und Ende verstümmelter Stücke aus einer Handschrift der Königlichen Bibliothek zu Berlin. Eine von der Hand Vullmanns geschriebene Aufzählung des Inhalts der ursprünglichen, gegenwärtig umgebundenen Handschrift veranlaßte zu der auch von dem Berliner Handschriftenkataloge adoptirten Annahme, daß Macarius der Verfasser sei. Die Aufschrift der Publikation lautet: S. Macarii fragmenta duo e codice ms. Ueroliuensi nunc primum edita et latine reddita.

Die Schrift war kaum einige Tage unter die Mitglieder der Universität vertheilt, als man in den Annoncen der Bonner Zeitung unter den Anweisungen, wo die frischeste Butter und der wohlschmeckendste Käse zu erhalten seien, als „Nachträgliche Bemerkung" die Kundgebung las: „die neu entdeckten Stücke des Macarius seien leider eine Schrift des heil. Ephräm und längst gedruckt in dessen Werken Bd. 1 S. 41—61."[1]) Ein Professor der Hochschule hatte die Aehnlichkeit der Fragmente mit dem am bezeichneten Orte abgedruckten, unter dem Namen des Ephräm gehenden Texte erkannt und die Sache in der angegebenen, für literarische Kundgebungen ebenso angemessenen, als für die Pflege der collegialischen Verhältnisse an der Universität forderlichen Weise dem Bonner Publikum bekannt gemacht.

Das Programm war gar nicht weiter in den Buchhandel gegeben worden. Dennoch wurde es bald darauf von dem nämlichen Professor in Zarndts literarischem Centralblatt[2]) angekündigt und

---

1) Bonner Zeitung 4. August 1866.
2) Nro. 36 1866, 1. September.

besprochen, und hier denn zum andern Male einem weitern
Leserkreise mitgetheilt, daß die vom Dekan der katholisch-
theologischen Fakultät in Bonn veröffentlichten neuen Fragmente
des Makarius Theile des unter dem Namen des Ephram, in der
Römischen Ausgabe seiner Werke, längst gedruckten λόγος ἀσκητι-
κός seien, unter eifriger Geltendmachung einzelner wohlfeilen, aus
jenem Drucke, sobald er vorlag, sich von selbst ergebenden Auf-
klärungen, und mit vollständiger Verschmelzung aller die Sachlage
ändernden Umstände, die wir später kennen lernen werden. Zugleich
wurde ich hier gewarnt, die Fragmente nicht in die gleichzeitig
angekündigte neue Ausgabe der Werke des Makarius aufzu-
nehmen.

Ich habe auf die Besprechung im Centralblatt nicht erwie-
dert. Nun ist der nämliche College gegenwärtig zum dritten
Male mit seiner Aufklärung aufgetreten in einer Flugschrift,
welche den bezeichnenden Titel führt: „Ueber die an der Königl.
Preußischen Universität Bonn entdeckten neuen Fragmente des
Makarius. Leipzig, in Commission bei F. A. Brockhaus 1866"
15 S. 8°. Als Verfasser nennt sich jetzt J. Gildemeister,
er ist Doktor der Theologie und Philosophie und ordentlicher
Professor der orientalischen Sprachen an der hiesigen Universität.

Man fragt verwundert, was sich begeben habe, daß dieser
Mann, Mitglied des Professoren-Collegiums an einer deutschen
Hochschule, mit einer Aufbringlichkeit ohne Gleichen ein-, zwei-
und dreimal öffentlich mit dem Collegen anzubinden und ihn zu
denunciren sucht über eine Schrift, die der literarischen Welt
nicht einmal durch den Buchhandel zugänglich ist, daß er ruhelos
immer wieder auf den nämlichen Gegenstand zurückkommt. Es
fehlt die Antwort auf jene Frage. Daß ihn bloße Handelsucht
leite, will man, und daß er sich von wissenschaftlichen Interessen
dabei bestimmen lasse, kann man nicht annehmen. Sehen wir,
was durch J. Gildemeister für die Wissenschaft geleistet worden ist.

Das Verdienst, welches sich Herr J. Gildemeister zuschreiben
darf, besteht darin, daß er auf einen Druck in der Römischen
Ausgabe des Ephraim aufmerksam gemacht und dadurch ein rich-

tiges Urtheil über die Herkunft und den Charakter der von mir veröffentlichten Fragmente ermöglicht hat. Mir war entgangen, daß die Bruchstücke einer Schrift angehören, welche in einem der Form nach völlig abweichenden, aber sachlich parallel laufenden Texte unter dem Namen des Ephräm, eines Zeitgenossen des Makarius, erschienen ist. Wer mit der Veröffentlichung anonymer Schriften des christlichen Alterthums sich beschäftigte, weiß, wie schwierig es ist, festzustellen, wem sie angehören und ob sie gedruckt sind. Sind sie erst gar am Anfange und am Ende verstümmelt, so ist bei der so ausgebreiteten bezüglichen Literatur solche Bestimmung im höchsten Grade erschwert, und gehört nicht selten ein glücklicher Zufall dazu, um den Verfasser, und ob und wo sie gedruckt sind, aufzufinden. Ob Herr J. Gildemeister in dem ganzen weiten Gebiete der patristischen Literatur so gründlich bewandert ist, daß er beliebige Bruchstücke gleich nachweisen kann, ich weiß es nicht; gewiß ist, daß er sich früher bei Gelegenheit einer polemischen Schrift 1) mit den Homilien Ephrams ganz besonders beschäftigte. In der gelehrten Welt ist es, so viel ich weiß, Sitte, einen derartigen Fund, wenn es die Mühe lohnt, einander mündlich oder schriftlich mitzutheilen, oder, wenn das nicht thunlich ist, die Sache bei passender Gelegenheit öffentlich in der Kürze abzuthun. Ich halte dies für eine wohlbegründete Sitte und habe es selber bisher so gehalten. Ein französischer Gelehrter, dessen Namen Jeder kennt, gegenwärtig Mitglied des Institutes, veröffentlichte aus einer Handschrift der Bibliothek zu Avranches ein Fragment „vielleicht des Berengar von Tours, vielleicht des Johannes Scotus" über die h. Eucharistie, und ein anderer französischer Gelehrter von nicht geringerem Namen erklärte es ausdrücklich für eine Schrift des Scoten, druckte es als solche von Neuem, und baute Schlüsse darauf. Ein Blick auf das Schriftstück überzeugte mich, daß es dem Ratramnus angehöre und mitten aus dem unzählige Male gedruckten Werke dieses letzteren „über den Leib und das Blut des Herrn" genom-

---

1) Dr. J. Gildemeister, Beiträge zu dem Bremischen Magazin der Herren Daniel, Weber und Paulus. Nebst einem kritischen Excurs über Daniels Geschichte der christlichen Beredsamkeit. Bremen 1842. 8.

men sei. Glaubt man, die Meinung von dem Schicklichkeits-
gefühle deutscher Gelehrten würde in Paris sich gehoben haben, wenn ich im Moniteur zwischen Credit mobilier und
Mexikanischer Anleihe dem Pariser Publikum meine Wissenschaft zu Markte gebracht hätte durch die Anzeige, daß „das von
jenen Herrn neu entdeckte Fragment des Johannes Slotus leider
dem Ratramnus angehöre und da und dort längst gedruckt sei?"
Ich wenigstens bin nicht dieser Ansicht gewesen und habe deshalb
vorgezogen, die Sache in meiner Ausgabe der Werke des Johannes Slotus mit einer Zeile abzuthun. Grade derjenige, welcher
ein besonderes Interesse hat, von einem Schriftsteller Neues aufzufinden, unterliegt der Täuschung am leichtesten. In Bibliotheken Deutschlands und Italiens hatte ich ungedruckte Schriften des Makarius gefunden; zu ihnen schienen die Bruchstücke hinzuzutreten; eine vermeintlich durch Buttmanns Hand
vermittelte Ueberlieferung schien diese Annahme zu befürworten,
der Handschriftenkatalog schrieb sie dem Makarius zu. Bei ungleich minder ungünstiger Sachlage haben die namhaftesten Gelehrten über den Verfasser einer Schrift unrichtig geurtheilt oder
vorhandene Drucke übersehen, Beispiele in nicht geringer Zahl
ließen sich namhaft machen. Aber kein Beispiel dürfte wohl er-
sindlich sein, daß ein Gelehrter ein Versehen dieser Art in solcher
Weise zur Kenntniß des Publikums gebracht und mit solcher Ge-
hässigkeit ausgebeutet hätte.

Ich hätte die Flugschrift des Herrn J. Gildemeister auf sich
beruhen lassen können. Angriffe der bezeichneten Art charakterisiren und verurtheilen sich hinlänglich durch sich selber. Wenn ich
dennoch erwiedere, so ist es das wissenschaftliche Interesse, was
mich veranlaßt. J. Gildemeister hat seine gegen mich gerichtete
öffentliche Denunciation mit so durchaus unzulänglichen, oberflächlichen
und unrichtigen Darstellungen und Behauptungen ausgestattet, daß
es sich der Mühe lohnen wird, die in Frage befindliche Sache
einer eingehenden und umsichtigen Untersuchung zu unterwerfen.
Ihr mögen die nachfolgenden Blätter gewidmet sein.

Zuvörderst gebe ich über die Handschrift der Berliner Bibliothek genauere Nachricht. Sie gehört dem Ende des XIII. oder

dem Anfange des XIV. Jahrhunderts an uud ist als cod. ms. gr. Fol. Nro. 18 bezeichnet. Man zählt 174 Blätter, von welchen die ersten 134 eine zusammenhängende Abfolge zeigen; dann kommen, von den voraufgehenden je durch zwei Blätter weiß Papier gesondert, zunächst 6 Blätter, dann 1 Blatt, welches anfängt τοῦ κατηχηθῆναι, weiter unsere Fragmente 22 Blätter, und endlich 5 und wieder 6 Blätter. Ein vereinzeltes Blatt schließlich von jüngerer Hand liegt lose bei [1]). Die Schrift ist in zwei Columnen zierlich und sehr regelmäßig ausgeführt. Nur das Blatt, welches anfängt τοῦ κατηχηθῆναι, dürfte von anderer, aber gleichzeitiger Hand sein. Was den Inhalt betrifft, so enthalten von den 134 Blättern 110 eine vorn verstümmelte und neunzehn vollständige Homilien, weitere 21 eine Anzahl Kapitel ascetischen Inhalts, die 3 letzten den Anfang einer Ὡρίου παραίνεσις. Die einzelnen Homilien und die Kapitel sind dem nämlichen Verfasser zugeschrieben durch die Ueberschrift bei jedem Stücke Τοῦ αὐτοῦ περὶ u. s. w. Die nächstfolgenden 6 Blätter bilden die unmittelbare Fortsetzung der erwähnten παραίνεσις. Das mit τοῦ κατηχηθῆναι anfangende Blatt deckt sich mit dem Eingange der Bruchstücke auf den 22 Blättern, dann bringen die weitern 6 Blätter eine vorne und eine am Ende verstümmelte Homilie, die durch ein Τοῦ αὐτοῦ λόγος dem nämlichen Verfasser zugewiesen sind. Die letzten 6 Blätter haben zunächst den Schluß unserer Bruchstücke, dann eine vollständige und eine am Ende verstümmelte Homilie; auch für diese Theile kündigt ein Τοῦ αὐτοῦ den namlichen Verfasser an. Die Ὡρίου παραίνεσις ist zu Paris 1608, bei Fabricius und neuerdings bei Migne gedruckt. Daß Photius der Verfasser sei, kann nicht aufrecht erhalten werden; an die Worte der h. Schrift: Wenn dich Jemand auf die rechte Wange schlägt u. s. w. wird in ihr die Bemerkung geknüpft: ἀφ' οὗ δὲ ἐπῆλθεν ἡμῖν ὁ βαρὺς ζυγός τῶν Ἰσμαηλιτῶν, κατεδέξαμεθα τούτων βαρύτερα. Die Mehrzahl der Handschriften weist auf den Patriarchen Christophorus von Alexandrien als den Ver-

---

1) Es hat sich jetzt herausgestellt, daß es zu der Handschrift Fol. Nro. 3 liber asceticus graeco gehört.

faffer hin, welcher bem 9. Jahrhundert angehört ¹). Für ihn paßt
die Erwähnung des schweren Jochs der Jsmaeliten. Alle übrigen
Stücke finden sich in ter Römischen Ausgabe der Werke Ephräms
von Assemani unsere Bruchstücke nur in sachlich parallel laufen-
dem, in ben Worten aber völlig abweichendem Texte, wie gleich
gezeigt werden wird. Den Anfang der einzelnen Schriftstücke setze
ich furz her mit Angabe des Orts, wo sie in der Handschrift
und in dem Drucke angetroffen werden: Fol. 1 τῷ πνεύματι
τῆς γαστρομαργίας Assem. I, 164/₈₁. F. 2b Μήτηρ τῶν
ἀγαθῶν I. 154. F. 7 Δεῖτε ἀκούσατε καὶ συμπαθή-
σατέ μοι ἀδελφοὶ εὐλογημένοι I, 172. F. 11 Ἀρχὴ κατα-
στροφῆς μοναχοῦ I, 254. F. 14b Λαμπρὸς III, 93. F. 26.
Ἄρα τίς τὸν βίον τοῦτον III, 83. F. 29 Δεῦτε ἀγαπητοί
μου, δεῦτε I, 28. F. 30 Ὁ κύριος κατελθὼν I, 148. F. 44b
Μάθωμεν, ὦ ἀδελφοί, πόση ἐστὶν ἡ εὐσπλαγχνία III, 79.
F. 47 Μέχρι τίνος III. 31. F. 48b Ψυχὴ τεθλιμμένη
I, 193 [III, 512]. F. 53b Κατηραμέναι II, 279. F. 63b
Θέλω εἰπεῖν I, 111. F. 66b Πᾶσαν ἡμέραν ἐν τῇ ἐχθρ
I, 188. F. 71b Πρόσεχε σεαυτῷ I, 166 und III, 71.
F. 78 Σαυτὸν ἔχων III, 12. F. 82 Προσῆλθον μοί τινες
αἰτοῦντες II, 411. F. 94b Μακάριοι II, 331. F. 96b
Μακάριος ὅς μισήσας I, 292. F. 101b Ἀδελφοί, εὐλογίας
ἐπιθυμεῖν III, 205. F. 110b—131a Ἀρχὴ καρποφορίας
— δοξάζει τὸν Θεόν. ἀμήν. I, 299 331/₁₁. F. 132 140
die Φωτίου παραινέσεις. Πάντας μὲν ἀγαπητοὶ — ὅρκον
καὶ πίστο Migne C, 1215 - 1232/₇. F. 141 τοῦ κατηχηθῆναι —
μάλιστα ἡμεῖς οἱ κα Assem. I, 41/₁₂ — 42/₁₈. F. 142—163
die Bruchstücke: εὐτακτούντος καὶ ὑπομένων — ἐν τῇ γῇ
τεταπεῖ- I, 41/₇ 61/₁₃. F. 164 χάριν σου καὶ αὐτή με
δεδαξι, πῶς I, 20/₁₆. F. 165 — 168 Ἀγαπητά — ἡμεῖς
ὑποιζόμενοι ἐπι- I, 111 —115/₁₃. F. 169 —σταυρόν σου ἵνα
πάλιν αὐτὴν I, 69/₃₃ [II, 376/₆₇]. F. 170 Ἵν μᾶ I, 158.
F. 173 174 Καταπίγηθι — εἴ τις ταπεινοφρονεῖ, τῷ
Χριστῷ ὁ- I, 161 163/₁.
    Jch gehe nun zu den von mir veröffentlichten Bruchstücken

1) Cotelier Eccl. Gr. Mon. II, 669. Lambec. Comment. VIII, 771.

aber. Die Behauptung nämlich, daß sie schon früher gedruckt seien, unterliegt wesentlichen Einschränkungen. Wer die Kund-gebungen des Herrn J. Gildemeister las, mußte glauben, daß es sich um einen und denselben Text handle, so zwar, daß beide Publikationen, die des Assemani und die meinige, einander decken, höchstens mit einigen mehr oder minder geringfügigen Varianten. Doch der flüchtigste Blick findet, daß die Sache sich anders ver-hält. Es reicht aber die Linie von gewöhnlichen Varianten offen-bar hinaus, wenn man folgendermaßen liest:

Berliner Handschrift Progr. S. 10/₁₀	Oxforder-Römische Ausgabe Assem. 3. 48/₁₀
βαρεῖται ὕπνῳ, ἀλλ᾽ ἀγωνίζε-ται τοῦ ἐγρηγορέναι· οὐκέτι ἀπὸ τῆς δοξολογίας, ἀλλ᾽ ἀνάγει τὸ στόμα αὐτοῦ εἰς ἐξομολόγησιν καὶ δόξαν κυρίου· στεφανοῦται καὶ ἐπαινεῖται· στεφανοῦται μὲν ὅτι ἐνίκησεν, ἐπαινεῖται δέ, ὅτι ἐκτήσατο ἀρετὰς ἀγαθάς.	βαρεῖται τῇ ὕπνῳ ἢ τῇ ὄκνῳ συνέχεται εἰς δοξολογίαν τοῦ δεσπότου, ἀλλ᾽ ἀγωνιᾷν διά-ζεται ἑαυτὸν εἰς τὴν εὐγεδίαν τοῦ θεοῦ· καὶ οὕτως στεφανοῦ-ται νικήσας τὴν φύσιν καὶ κτη-σάμενος τὰς ἀρετάς.

Aehnlich aber weicht der Text allenthalben von dem Drucke ab, mitunter weniger, dann aber auch wieder sehr viel mehr. Man wolle vergleichen:

Berliner Handschrift Progr. 25/₄	Oxforder-Römische Ausgabe Assem. 60/₁₁
Ἀνθρώπου τοιγαροῦν ἐστι τὸ ἐπικαλεῖσθαι τὴν χάριν, καὶ τῆς χάριτος αὖ πάλιν τυγχάνει, τὸ ἐληλυθέναι εἰς τὴν τούτου ἀντίληψιν· ἄνευ γὰρ τῆς χάριτος οὐκ ἰσχύει ἡ διάνοια φωτισθῆ-ναι καὶ θεάσασθαι τὴν πολυ-ποίκιλον εὐμορφίαν τοῦ μέλλον-τος αἰῶνος· καὶ εἰ μὴ ἀγρυπνεῖ ἡ καρδία, οὐ παραγίνεται ἡ χάρις ἐν τῷ ἀνθρώπῳ· εἰ δὲ	Ἀνθρώπου τοίνυν ἐστὶν ἐπι-καλέσασθαι αὐτήν, ἵνα ἐλ-θούσῃ φωτίσῃ τὴν διάνοιαν αὐτοῦ, καὶ ἀγνίσας ἑαυτὸν ἔχον

φωτισθῇ ἀπὸ τῆς χάριτος, κα- | κον αὐτὴν καὶ βοηθὸν κτήση-
τορθοῖ ἀρετὰς ἃς θέλῃ. ὃς δὲ |
ἑαυτοῦ λογίζεται τὸ κατόρ- |
θωμα, πάνυ φρεναπατᾷ ἑαυτόν, | ται ἑαυτοῦ· δι' αὐτῆς δὲ κατορ-
μὴ γινώσκων τὴν ἑαυτοῦ ἀσθέ- |
νειαν· ζηλώσας γὰρ ἑαυτὸν ὁ |
τοιοῦτος ἀπεδίωξεν ἀφ' ἑαυτοῦ | θώσῃ πᾶσαν ἀρετήν· καὶ φω-
τὴν χάριν, ἐὰν δὲ κατορθώσας |
τις τὴν ἀντίληψιν τῆς χάρι- |
τος ὁμολογεῖ, ὅτι ἀπὸ τῆς δυ- | τισθεὶς ὑπ' αὐτῆς, δυνηθῇ
νάμεως αὐτῆς ἀγαθοποιηθεὶς |
κατώρθωσεν τὰς ἀρετάς, δοξα- | κατανοῆσαι τὴν ποικιλίαν καὶ
πάτωι τὸν θεὸν ὑμνῶν καὶ |
εἰπάτω· δόξα σοι τῇ σῇ φιλαν- |
θρωπίᾳ, κύριε, ὅτι ἐμὲ τὸν | εὐμορφίαν τοῦ μέλλοντος αἰῶ-
ἀνάξιον κατηξίωσας τῆς χά- |
ριτός σου· καὶ καθὼς ἠβου- |
λήθη κατώρθωκεν ἐν ἐμοὶ τὰ | νος· γίνεταί τε αὐτῷ τεῖχος
αὐτῇ εὐάρεστα. οὗτος γνοὺς |
τὴν ἑαυτοῦ ἀσθένειαν, ἐσπού- |
δασεν ἑαυτὸν ἁγνὸν ναὸν τῆς | καὶ ὀχύρωμα, καὶ φυλάσσει
χάριτος ἑτοιμάσαι, καὶ γίνεται |
ἐν αὐτῷ ἡ χάρις ἱερεύς τε καὶ |
προσφορά, προσένεξις καὶ πρεσ- | αὐτὸν ἐκ τοῦ αἰῶνος τούτου
βύτερον, ἰδίωμα πνευματικὰ |
καὶ ὁ ἐσθίων, βασιλεὺς καὶ ἡ |
βασίλισσα, οἰκοδόμος τε καὶ | εἰς τὴν ζωὴν τοῦ μέλλοντος
οἰκοδομεῖται, πόλις τε καὶ τεῖ- |
χος ἀπάλευτον, φυλάσσει τε |
ἑαυτὸν ἀπὸ παντὸς κακοῦ, ἕως | αἰῶνος.
οὗ ἀποκαταστήσει αὐτὸν εἰς |
τὴν αἰώνιον ζωήν. κλῖνον τοι- | κλῖνον τοίνυν κ. τ. λ.
γαροῦν κ. τ. λ.

Das Verhältniß der beiden Terte nämlich ist im Allgemeinen derart, daß sie dem Inhalte nach miteinander parallel laufen,
im Einzelnen aber den Worten nach so weit von einander ver-

schieben sind, daß von dem in meinem Abdrucke 29 Quartseiten
einnehmenden Texte kaum eine Periode ganz mit dem edirten
stimmt, überall andere Ausdrücke, andere Redensarten, andere
Wendungen und Verbindungen, bisweilen ganze langere Partien,
in welchen kein Wort der Texte mehr mit einander übereinkommt.
Wäre es Herrn G. Gildemeister um die Sache zu thun gewesen,
so würde er diesen Umstand hervorgehoben, auch wenigstens versucht haben, seine Leser darüber zu belehren, worauf denn eigentlich diese regelmäßigen, durchgreifenden Differenzen beruhen. Von
alle dem aber findet man bei ihm keine Spur, er verschweigt
den Umstand völlig. Weder in der Bonner Zeitung, noch in
der Besprechung bei Jarncke, noch endlich in der nun veröffentlichten Flugschrift gibt er darüber die leiseste Andeutung. In
letzterer ist nur von „verderbten Lesarten" zu Ungunsten des
von mir veröffentlichten Textes die Rede. Aber Herr G. Gildemeister hat über jene Textesverschiedenheit auch sich selbst keine
Rechenschaft gegeben und dadurch die nähere Einsicht in den Sach-
verhalt sich versagt. Die Folge ist, daß sein Urtheil im Allgemeinen und im Besondern beständig in die Irre geht.

Fassen wir denn die Differenzen näher ins Auge. Eine Vergleichung der Texte zeigt vorerst, daß die sinnverwandten Worte
der Sprache regelmäßig durch alle Redetheile hindurch bis zu den
kleinsten Partikeln wechseln. Mögen etliche Beispiele genügen,
hunderte könnte man hersetzen; es wechseln ἐνιδραί und παιχίδες
oder διάνοια und νοῦς, ἰσχύς und δύναμις oder τέλος und πλή-
ρωμα, καθεύδειν und νυστάζειν oder πενθεῖν und κλαίειν,
ἐλέγχειν und καταλαμβάνειν oder μεριμνᾶν und φροντίζειν,
φρικτός und φοβερός oder αἰώνιος und ἀτελεύτητος, παραχρῆμα
und εὐθέως oder μεγαλοπρεπῶς und ὑπερεκπερισσοῦ u. s. w.
u. s. w. Sind irgendwo die Worte und die Formen gleich,
so ist doch häufig wenigstens die Stellung eine andere, z. B.
σπόρος ἐσμὲν καλός, ὃν ἔσπειρεν ὁ οἰκοδεσπότης Χριστός,
ὁ οὐρανοῦ καὶ γῆς ποιητής, bei Assemani ὃν ἔσπειρεν
ὁ ποιητὴς οὐρανοῦ καὶ γῆς Χριστὸς ὁ οἰκοδεσπότης. Dazu
kommt ferner ein beständiger Wechsel der Redensarten. Heißt es
dort ἐτρόμησα, so hier εὑρόμος με κατέλαβεν; findet sich hier

αἰώνιός ἐπτι, ſo bort εἰς αἰῶνα αἰῶνος μένει; ſteht hier γρονtί-
ζοντες κατὰ διάνοιαν, ſo bort ἐν τῇ διανοίᾳ αὐτῶν τιϑέμενοι
u. ſ. w. u. ſ. w. Hierbei treten häufig auch ganz andere Worte
ein; es entſprechen einander ἐνϑυμεῖται und ἔχει τὴν φρονtίδα,
δίκην ὑπέξομεν und τοῦτο πεισόμεϑα, ἐστ᾽ϑησῶ und ἐντροπή
μοι πρόεστι u. dgl. Schon die erwähnten Arten von Verſchiedenheiten geben manchmal ganzen Sätzen eine andere Geſtall.
So heißt es οἱ ϑεριστ αὶ ἴσ ομαι ἔχοντ ες τὰ δρέπανα, bei Aſſemani οἱ ἀμή σοντες τὰ δρέπανα μετὰ χεῖρας ἔχουσι, ober ὁ
πειραϑεὶς δύναται νουϑετεῖν τοῖς ἀπείροις, καὶ ὁ εἰς χεῖρας
λῃστῶν ἐμπεσὼν τοῖς ὁδοιπόροις ἀσφαλίζεσϑαι δύναται, bei
Aſſemani ὁ πειραϑεὶς δύναται παραινέσαι τοῖς ἀπείροις, καὶ
ὁ λῃσταῖς περιπεσὼν ἔμπορος τοῖς ὁδοιπόροις τὴν ἀσφάλειαν
ὑποτίϑεται. Die Verſchiedenheiten vermehren ſich an Zahl noch
bedeutend baburch, daß überall andere Redewendungen und Satz-
verbindungen angewandt ſind. Da wechſelt die aktive und die paſſive
Wendung miteinander, z. B. εἰς κληρονομίαν ἐκλήϑης und
κληρονόμον σε ἐκάλεσε, die poſitive und die negative, z. B.
μέτριοι und οὐκ ἀμέτριοι ober οἱ νόμοι γεγραμμένοι εἰσί und
οἱ νόμοι οὐκ ἄγραπτοί εἰσιν. Derſelbe Begriff iſt bort burch ein
Hauptwort, hier burch ein Zeitwort ausgebrüdt, wie πρὸ ὑπο-
τυχῆς und πρὸ τοῦ ὑποτυχεῖται, καϑουρῶν καὶ ὁρώμενος und
ϑεατὸς καὶ ϑεωρούμενος; ober eine nähere Beſtimmung bort
burch ein Abjektiv, hier burch ben Genitiv, wie τὴν ἀγγελικὴν
πολιτείαν und τὴν πολιτείαν τῶν ἀγγέλων, τὴν βασιλικὴν
ἡδονήν und τὴν τοῦ βίου ἡδονήν. Zeitwörter ſtehen in dem
einem Texte ſelbſtſtändig nebeneinander, in dem andern ſind ſie
burch das Participium verbunden; ſo ἦλϑεν ὁ κατακλυσμὸς καὶ
ἀπώλεσεν αὐτοὺς ober ἐλϑὼν ὁ κατακλυσμὸς ἅπαντας ἀπώλεσεν. Bei abhängigen Sätzen ſind die verſchiedenen Möglich-
keiten der Verbindung in Anſpruch genommen. Es heißt ἐν-
δέχονται, πότε πνεύσει αὐτοῖς ὁ ἄνεμος, bei Aſſemani ἐνδέ-
χονται πνεῦσαι αὐτοῖς τὸν ἄνεμον, ober οὐδὲ ἡ χάρις τοῦ
ϑεοῦ ἐγκαταλιμπάνει τινά, διὰ προϑύμως ἀγωνίζεται, bei
Aſſemani οὐδ᾽ ἡ χάρις τοῦ ϑεοῦ ἐγκαταλείπει τὸν προϑύμως
πολεμοῦντα καὶ ἀγωνιζόμενον, ober ἐπικαλέσασϑαι τὴν χά-

γιν, ἵνα ἐλθῃ εἰς βοήθειαν αὐτοῦ, bei Affemani ἐπικαλέσωνϑαι εἰς ἀντίληψιν τὴν χάριν u. f. w. Auf folche Weife gewinnen nicht felten längere Perioden eine völlig veränderte Geftalt.

Das nun find die Arten der Verfchiedenheiten, die durch das Schriftftüd von Anfang bis Ende regelmäßig auftreten. Die Synonymik des Ausdruckes im weiteften fprachlichen Sinne waltet in den beiden Texten: finnverwandte Worte, finnverwandte Redensarten, finnverwandte Wendungen. Außerdem aber begegnen wir im einzelnen noch folgenden Verfchiedenheiten. Statt eines Wortes in dem einen Texte finden fich in dem andern zuweilen mehrere. So heißt es dort γλυκασμὸς καὶ ἡδύτης, ῥαϑυμία καὶ ὀκνηρία, ἀϑάνατος καὶ ἀγήρως ζωή, διδάσκαλος καὶ σύμβουλος, hier einfach ἡδύτης, ῥαϑυμία, ἀϑάνατος ζωή, διδάσκαλος u. f. w. Ebenfo ift der Sinn eines ganzen Satzes zuweilen in dem andern Texte doppelt wiedergegeben. Man lieft ἀσϑενὴς γὰρ ὑπάρχει und ἀσϑενὴς γὰρ ὑπάρχει καὶ ἰσχὺν οὐκ ἔχει n. f. w. Hie und da trifft man auch das hier in einen Satz zufammengedrängte dort in zwei Sätze aneinandergezogen. So heißt es z. B. εἰς ὑποταγὴν καὶ πραότητα ἐκλήϑημεν καὶ ἀγριαίνοντες ἀντιλέγομεν und εἰς ὑποταγὴν ἐκλήϑημεν καὶ πάντες ἀντιλέγομεν, εἰς πραότητα καὶ πάντες ἀγριαινόμεν. Ferner haben wir bisweilen in dem einen Texte allgemeine Ausdrüde, die in dem andern ihrem Sinne nach genauer ausgeführt find. So lefen wir dort τὰ τοῦ αἰῶνος τούτου, hier τὰ τοῦ παρόντος αἰῶνος, dort ἐν τῇ ὥρᾳ ἐκείνῃ, hier ἐν τῷ καιρῷ τοῦ ϑανάτου. Oder fpezielle Ausdrüde werden in dem andern Texte durch allgemeinere wiedergegeben z. B. hier κρίματα, dort ἱματία πολυτελῆ, hier τζάγγην ἢ καλίγην, dort ὑποδήματα u. f. w. u. f. w.

Wir fragen, woher alle jene Verfchiedenheiten flammen. Daß fie nicht durch bloßes Abfchreiben entftanden find, leuchtet ein. Es find Abweichungen, welche auf verfchiedene Urheber zurüdweifen. Zweierlei ift denkbar. Entweder ift der eine Text aus dem andern durch umfchreibende Ueberarbeitung entftanden, oder wir haben eine doppelte Ueberfetzung vor uns. Die bisher beobachteten Verfchiedenheiten ließen fich allenfalls durch Paraphrafe erkläten; dagegen fallen für eine doppelte Ueberſetzung Erſcheinungen, wie die folgenden, entſcheidend ins Gewicht.

Ueberſetzungen können auseinander gehen, wenn das Original ſo beſchaffen iſt, daß ein doppelter Sinn daraus entnommen werden kann. Davon liegen in unſern beiden Texten deutliche Bei‑ ſpiele vor. So heißt es in dem Berliner Texte S. 6/₅ von dem Wanderer: εἴτε ἐξυπνος γενόμενος βλέπει τὴν ἡμέραν κεκλιανῖαν, καὶ ἀρξαμένου αὐτοῦ βωΐζειν ἄφνω νέφος χα‑ λάζης γίνεται, βρονταὶ καὶ ἀστραπαὶ καὶ ταραχαί, ὥστε μήτε εἰς τὴν μονὴν φθάνειν, μήτε εἰς τὸν τόπον αὐτοῦ ἀνιέναι δύνασθαι. Im Oxford‑Römiſchen Texte 44/₄₇ aber lautet die Stelle: βρονταὶ καὶ ἀστραπαὶ καὶ θλίψεις πανταχόθεν, διὰ τὸ μήτε εἰς τὴν μονὴν αὐτὸν φθάνειν μήτε κ. τ. λ. Hier hat der andere Ueberſetzer den abhängigen Satz an θλίψεις angeknüpft, dadurch iſt eine ganz andere Wen‑ dung und ein anderer Sinn entſtanden. Man lieſt im Oxford‑ Römiſchen Texte S. 51/₃₁: ἱκανὸς δὲ οὗτος ὁ λόγος, ἐὰν νήψῃ ἡμῶν ἡ διάνοια. ὃς δὲ τὰ γεγραμμένα οὐ συνίει, οὔτε μὴν τῶν λεγομένων ἀκούει· ἔοικεν ὁ τοιοῦτος πωλῆτι δεχο‑ μένῳ ὕδωρ καὶ μὴ αἰσθανομένῳ, ὅτι δι᾽ αὐτοῦ παρέρχεται. Der Berliner Text bringt 14/₁₀ zuerſt einen Gegenſatz zu ἐὰν νήψῃ mit ἐὰν δὲ φωτάζηται, dann den Vorderſatz des Oxford‑ Römiſchen Textes als Nachſatz: οὐδὲ τὰ γεγραμμένα συνίει, οὔτε μὴν τῶν λεγομένων ἀκούει, und knüpft daran nun ſelbſt‑ ſtändig den Nachſatz des Oxford‑Römiſchen Textes an mit ἔοικε δὲ πωλῆτι κ. τ. λ. Es heißt in dem Berliner Text S. 26/₁₀: διὰ γοῦν τοῦτο βούλομαί σοι συμβουλεῦσαι, ἀγαπητέ μου, εἰς τὸ γενέσθαι πολέμιον ἐκλεκτὸν τοῦ Χριστοῦ, μὴ διὰ τὰ σαρκικὰ πάθη καὶ τὴν βιωτικὴν ἡδονὴν στερηθῇς τῆς δόξης ἐκείνης, καὶ ἐπιπλήσθῇς τοῦ νυμφῶνος τοῦ πλήρους εὐφρο‑ σύνης καὶ ἀγαλλιάσεως. In dem Oxford‑Römiſchen Texte 60/₄₄ ſteht: διὸ συμβουλεύω ὑμῖν, ἀγαπητὸν πολέμιον τοῦ Θεοῦ, μὴ διὰ τὰ πάθη τῆς σαρκὸς καὶ τὴν τοῦ βίου ἡδο‑ νὴν στερηθῇς ἀπὸ τῆς δόξης τοῦ Θεοῦ καὶ ξενωθῇς τῆς ἀκηράτου εὐφροσύνης καὶ ἀγαλλιάσεως τοῦ νυμφῶνος. Wir haben hier πολέμιον τοῦ Θεοῦ als Anrede, während dieſelben

13

Worte in dem andern Texte von der Anrede getrennt und zu einem selbſtſtändigen Satze mit anderm Sinne benutzt ſind. Wiederum findet man in dem Berliner Texte S. 4/₄: καὶ γὰρ ἐὰν μή τις ἑαυτὸν καθάρῃ ἀπὸ παντὸς πονηροῦ πράγματος καὶ ῥυπαρῶν λογισμῶν, ἐπιθυμιῶν τε κακίστων καὶ ὀργῆς, τοῦ τε θυμοῦ καὶ φθόνου καὶ τῆς ὑπερηφανίας, τῆς τε κενοδοξίας καὶ μίσους καὶ τῆς ἀντιλογίας καὶ καταλαλιᾶς καὶ φλυαρίας καὶ ἀδηφαγίας καὶ πάντων, ἃ νῦν κατὰ μέρος ἀριθμοῦμεν, οὐ δύναται σωθῆναι. πάντα γάρ, ἃ μισεῖ ὁ θεός, ἐὰν ἀποστράφῃς ἀπαξαπλῶς, πόῤῥω ἀπέχων ἀπ' αὐτῶν, καὶ τότε οἰκήσει ὁ θεὸς ἐν σοί. Der Oxforder Römiſche Text hat 43/₁₄: καὶ γὰρ ἐὰν μήτις καθάρῃ ἑαυτὸν ἀπὸ παντὸς πονηροῦ πράγματος καὶ ῥυπαρῶν λογισμῶν, ἐπιθυμιῶν τε κακίστων καὶ ὀργῆς, τοῦ τε θυμοῦ καὶ φθόνου καὶ τῆς ὑπερηφανίας, τῆς τε κενοδοξίας καὶ μίσους καὶ τῆς ἀντιλογίας, καταλαλιᾶς τε καὶ φλυαρίας καὶ τῆς ἀδηφαγίας καὶ τί πάντα νυνὶ κατὰ μέρος ἀπαριθμοῦμεν; πάντων γὰρ ὧν μισεῖ ὁ θεὸς ἅπαξ ἁπλῶς, ἵνα ἀποστραφεὶς πόῤῥω ἀπέχῃ ἀπ' αὐτῶν, τότε ἐνοικήσει ἐν αὐτῇ ὁ θεός. Obwohl beide Texte in dieſer Stelle nicht ganz fehlerlos ſind, ſo iſt doch ſo viel deutlich, daß der eine Ueberſetzer die längere Periode zu zwei Sätzen geſtaltet hat, von welchen der zweite das im erſten Satze negativ Ausgedrückte in affirmativer Weiſe wiederholt, während der andere Ueberſetzer die ganze Periode zu einem Ausſpruche verarbeitete. Dazu nun kommen noch Fälle, wo einzelne Begriffe in dem einen Texte zum vorausgehenden, in dem andern zum folgenden Satze gezogen ſind, offenbar in Folge davon, daß ſie im Original auf der Gränze beider Sätze ſtanden. Es heißt z. B. in dem Oxforder-Römiſchen Texte S. 50/₁₃: ἐξ αὐτοῦ δὲ χωριζόμεθα εἰς τὸν ἴδιον τόπον ἀπιόντες, ἐπιστάμενοι τί ἔχομεν ἔμπροσθεν ἡμῶν. Ἕκαστος γὰρ οὐκ ἀγνοεῖ, τί προέπεμψεν εἰς τὸν οὐρανόν κ. τ. λ. Der Berliner Text 13/₁₇ hat ἐπιστάμενοι τί ἔχομεν ἔμπροσθεν ἡμῶν Ἕκαστος. οὐδὲ ἀγνοεῖ τις κ. τ. λ. Das originale dem Ἕκαστος entſprechende Wort iſt von dem einen Ueberſetzer auf den einen, von dem andern auf den andern Satz bezogen worden. Dasſelbe findet ſich S. 56/₁₁, wo es im Oxforder-Römiſchen Texte heißt: ἔρχεται γάρ εὐφράναι τοὺς προσδοκῶντας αὐτὸν αἰφνι-δίως. Ἔσται φωνή κ. τ. λ.· Der Berliner Text hat 20/₁₁ τοὺς προσδοκῶντας αὐτόν, αἰφνιδίως τε γενήσεται φωνή. Auch hier wieder verband der eine Ueberſetzer das dem αἰφνιδίως entſprechende Wort mit dem erſten, der andere mit dem folgenden Satz. So nun aber oder ähnlich trifft man über-all in den beiden Texten Erſcheinungen, welche nur durch die Thalſache einer doppelten Ueberſetzung begreiflich werden; bei welcher Annahme denn auch alle früher beobachteten regelmäßigen Berſchiedenheiten ihre einfachſte und natürlichſte Erflärung finden.

Der Text der Berliner Handſchrift iſt alſo eine von der in der Ex-forder-Römiſchen Ausgabe edirten verſchiedene Ueberſetzung. Wir werden über dieſelbe Nah:res erfahren, wenn wir einen Blick auf die Ausgaben und die lateiniſchen Ueberſetzungen der Schrift und auf die Quellen werfen, aus welchen beide gefloſſen ſind.

Der erſte griechiſche Druck findet ſich in der Orforder Aus-gabe der Werfe Ephräms vom Jahre 1709 ¹). Sie gibt das Schrift-ſtück nach zwei Orforder Handſchriften, der:n Barianten gering-fügig und derart ſind, daß ſie die Berſchiedenheiten unſerer beiden Texte gar nicht berühren. Dieſe Handſchriften haben eine Anzahl Lüden, welche den aus ihnen veröffentlichten Text zuſammenhang-los machen. Eine derſelben zeichnet ſich durch ihren Umfang aus, man vermißt die ganze längere Partie Progr. S. 2/₆ — 4/₁₀, welche mit der Erwähuung des Erdbebens, der Sonnenfinſterniſſe, der Perſer-,und Barbarenkriege, die ἡμῶν τὴν χώραν verwüſteten, anhebt, der Vater „vor uns“ gedenkt, die 40 und 50 oder mehr Jahre dem aſcetiſchen Leben oblagen und mit den ſich daran zu-nächſt knüpfenden Ermahnungen ſchließt. Daß die nämliche Stelle auch in drei vatikaniſchen Handſchriften fehlt, iſt aus einer nach-träglichen Mittheilung Aſſemanis ²) erſichtlich.

Der zweite und letzte griechiſche Druck iſt der Römiſche des Aſſemani, gleichfalls in der Ausgabe der Werke Ephräms vom

---

1) Τὰ τοῦ ὁσίου Πατρὸς Ἐφραὶμ τοῦ Σύρου πρὸς τὴν Ἑλλάδα μεταβληθέντα. S. Ephraim Syrus graece e codicibus manuscriptis Bodleianis. Ἐτυπώθη ἐν Ὀξονίᾳ ἐν τῷ ἔτει αψθʹ.

,2) S. Ephraem Syri Opp. T. II Proleg. p. XLVI ff.

15

J. 1732 ff.¹), Es darf befremden, daß der Vorsteher der Vati-
tanischen Bibliothek, vom reichsten kritischen Material rings um-
geben, dennoch in den beiden ersten Bänden seiner stattlichen Ausgabe einfach den Oxforder Text wiedergibt²). Die Handschriften
aller Länder und Bibliotheken sind vorne aufgezählt, ihr Inhalt
wird im einzelnen nachgewiesen. Auch unser Schriftstück findet sich
in sehr alten Handschriften z. B. in der Basilianischen vom Jahre
1020³), in der der Barberini-Bibliothek vom Jahre 692⁴); aber
von einer kritischen Benutzung ist so gut wie gar keine Rede;
wenn Assemani sagt, er habe den Text nicht selten nach den ältesten
Handschriften verbessert, so findet dies auf unser Schriftstück keine
Anwendung. In ihm sind eine Anzahl Lücken des Oxforder Textes
ausgefüllt ohne Angabe der Handschriften, die hierfür benutzt wurden,
auch einzelne augenfällige und unbedeutende Druckfehler berichtigt,
von welchen die meisten auch schon in den Noten der Oxforder
Ausgabe verbessert sind: sonst ist der Oxforder Text mit allen
seinen großen und kleinen Unrichtigkeiten wörtlich wiedergegeben.
Assemani wollte im dritten Bande die Varianten der Vatikanischen
Handschriften liefern⁵), es unterblieb.

1) Τοῦ ἐν ἁγίοις Πατρὸς ἡμῶν Ἐφραὶμ τοῦ Σύρου τὰ εὑ-
ρισκόμενα πάντα, Sancti Patris Nostri Ephraem Syri Opera omnia
quae exstant graece syriace latine in sex tomos distributa Romae 1732.
37. 40. 43. 46. T. I. 40 ff.
2) Oxoniensem texturam anno Christi 1709 luculentia theatri Sheldo-
niani typis editum prae ceteris selegimus, quem nobis veluti archetypum
proponeremus. A. a. O. T. I p. II.
3) A. a. O. T. I p. CXLVII. CXLIII.
4) A. a. O. T. I. p. CXLIX. CXLVIII.
5) A. a. O. T. I. p. II. Eine dritte überaus seltene griechische Ausgabe Ephrämischer Werke (in neugriechischer Sprache) mag hier lediglich im
literar-historischen Interesse erwähnt werden, unser Schriftstück ist in sie
nicht aufgenommen: λόγοι καὶ παραινέσεις τοῦ ὁσίου Πατρὸς
ἡμῶν Ἐφραὶμ τοῦ Σύρου, εἰς ἁπλὴν φράσιν μεταγλωττισθέντες
καὶ μερικοὶ βίοι ἁγίων τινῶν, μεταφρασθέντες καὶ αὐτοὶ ἐκ τῆς
Ἑλληνικῆς γλώσσης, εἰς ὠφέλειαν τῶν εὐσεβῶν Χριστιανῶν, παρ'
ἱεροδίου ἱερομονάχου Ἰβηρίτου. καὶ νῦν τὸ πρῶτον τύποις ἐκ-
δοθέντες ἀναλώμασι Διονυσίου ἐκ νήσου Πάρου, τοῦ παρόσια-
τάτου Προηγουμένου τῆς ἱερᾶς καὶ βασιλικῆς μονῆς τῶν Ἰβή-
ρων, τῆς κατὰ τὸ ἀγνώνυμον Ὄρος τοῦ Ἄθω κειμένης. Ἐνετίησι
ᾳψκα', παρὰ Ἀντωνίῳ τῷ Βόρτολι 1721. 4.

Die beiden vorhandenen Ausgaben liefern also, abgesehen von den Lücken, welche Assemani aus Römischen Handschriften ausfüllte, einen und denselben, lediglich auf zwei Oxforder Handschriften zurückgehenden Text.

Ich gehe zu den lateinischen Uebersetzungen über. Es gab deren seit alter Zeit in Handschriften. Vincenz von Beauvais u. AA. erwähnen sie [1]). Zwei derselben erschienen zu Köln 1547 [2]) und zu Dillingen 1563 [3]). Beide gehen in den Stellen, wo der gedruckte griechische Text von dem der Berliner Handschrift wesentlich abweicht, namentlich auch bei allen größeren Differenzen nicht mit dem erstern, sondern stimmen mit dem nun von mir aus der Berliner Handschrift veröffentlichten Texte [4]). Nehmen wir eine Probe. In den griechischen Texten und in den beiden alten Uebersetzungen liest man also:

| Berliner Handschrift | Oxforder-Römische Ausgabe |
| Progr. S. 24/₁₈.' | Assem. S. 60/₁. |

Καθάπερ γάρ τις προσεχῶς ἐνατενίζων ἐσόπτρῳ, ὁ αὐτός ἐστι καὶ θεατῆς καὶ θεωρούμενος, οὕτως καὶ ἡ χάρις, ὅπου ἄν εὕρῃ ἀνάπαυσιν, οἰκεῖ καὶ ἀναλίζεται, καὶ γίνεται, καθὼς ἤδη εἴρηκα, καὶ ἔπαινος καὶ ἐπαινέτης. οὐ γὰρ ἐκτός τῆς βοηθείας αὐτῆς ἰσχύει ἐπαρκέσαι ἑαυτῇ

Καθάπερ γάρ τις κατανοῶν εἰς ἔσοπτρον, ὁ αὐτός καθορῶν ἐστι καὶ ὁριώμενος· ὁσαύτως καὶ ἡ χάρις, ὅπου δ' ἄν εὕρῃ ἀνάπαυσιν καὶ ἐνοικήσῃ ἐν

1) Vincent. Bellov. Spec. hist. XV, 87. Antonini Florentini chronic. P. II tit. 10 cap. 5 § 6. Trithem. de script. eccles. Francof. 1601 S. 207.

2) S. Ephraem Syri opuscula omnia quae apud Latinos reperiri potuerunt. Colon. 1547, 8. fol. 1 ff.

3) Opuscula quaedam divina beati Ephraem in antiqua quadam bibliotheca nuper reperta, correcta vero et recens in lucem edita per Jacobum Menchusium Belsianum. Dillingae (1563) 8. fol. 41 ff.

4) Wie es mit den Worten rectantes vero sich verhält, welche die Flugschrift S. 14 aus den alten Uebersetzungen anführt, während sie in der Berliner Handschrift fehlen, wird später gezeigt werden.

17

ἡ καρδία, ἐκ τῶν ἑαυτῆς δὲ ἀποδίδωσιν αὐτῇ, καὶ ἐκ τοῦ οἴνου αὐτῆς ποτίζει αὐτήν· οἷόν τι λέγω· ἐκ τῆς κατανύξεως αὐτῆς ἀποδίδωσιν αὐτῇ τὰ δάκρυα, καὶ ἀπὸ τῆς γλυκύτητος τοῦ οἴνου αὐτῆς προσφέρει αὐτῇ τὴν ἑαυτῆς ταπεινοφροσύνην· ἀλλὰ καὶ ἐκ τῆς δυνάμεως αὐτῆς ψάλλει αὐτῇ. ἄνευ προσώπου γυμνόν ἐστι τὸ ἔσοπτρον, ἐὰν δὲ λάβῃ τὸ πρόσωπον, ἀποδοῦναι δύναται· ὁμοίως καὶ ὁ ἄνθρωπος ἄνευ τῆς χάριτος γυμνός ἐστι καὶ ἐνδεής· ἐὰν δὲ καταξιωθῇ ταύτης, ἐξ αὐτῆς κατορθοῖ τὰς ἀρετάς· ἐὰν δὲ πάλιν διώξῃ καὶ ἀφήῃ αὐτήν, εὑρίσκεται ἔρημος, καὶ ἐνοικοῦσιν ἐν αὐτῇ λογισμοὶ πονηροὶ καὶ αἰσχροί, ὥσπερ νυκτικόραξ ἐν οἰκοπέδῳ.

ἀνθρώπῳ, καὶ δοξάζει αὐτὸν καὶ δοξάζεται ὑπ' αὐτοῦ. χωρὶς δὲ τῆς παρ' αὐτῆς βοηθείας οὐκ ἰσχύει ἡ καρδία ἐπαρκέσαι ἑαυτῇ, οὔτε κατανύξεως πληρωθῆναι, ἐξομολογήσασθαι δεόντως τῷ δεσπότῃ· ἀλλὰ πτωχή τις καὶ ἐνδεὴς τῶν καλῶν ὑπάρχει, καὶ οἰκοῦσιν ἐν αὐτῇ οἱ ἀπευκταῖοι καὶ ῥυπαροὶ λογισμοί, ὥσπερ νυκτικόραξ ἐν οἰκοπέδῳ.

Die Uebersetzungen

Wien. Ausg. 28/₇. Diling. Ausg. 67b/₁₈.

Quemadmodum [Diling. enim] si quis attendat in speculum, idem ipse est, qui videt et qui videtur: sic et gratia ubi invenerit requiem, ibi inhabitat et inhabitatur, et efficitur, ut praedixi, laus et qui laudem exhibeat. Neque [Diling. enim] absque huius auxilio cor sibi valebit sufficere. Retribuet autem ei, si quid [Diling. ei, quod] ab ea perceperit, et ex vino eius [eius om. Dillug.] eidem offert potum, velut [Diling. veluti] si dicam [Diling. dicas]: ex compunctione eius retribuet ei lachrymas, et a dulcedine vini eius humiliationem [Diling. ei] profert cordis; ex [Diling. et ex] virtute quoque [quoque om. Diling.], quam assumpsit [Dillng.

2

sumpsit], eidem concinit psalmos. Absque persona siquidem
indigens esse videtur [Diling. videbitur] speculum; cum vero
acceperit personae cuiuslibet intuitum [Diling. obtutum], ex
eo, quod accipit, retribuit. Et si exornatus quisquam [Di-
ling. quis] in eo attendat, Idem ex ipso speculo ornatus efficitur
[am Rande exprimitur. Diling. idem videbitur in ipso
speculo exornatus]. Similiter et homo absque gratia divina
inops esse videtur et indigens; si vero promeruit [Diling. pro-
meruerit] gratiam, ex hoc ipso [Diling. ipso hoc], quod fuerit
adiutus ab ea, poterit [Diling. potuerit] in se emendare virtutes.
Si autem denuo fugaverit eam, desolatus invenitur [Diling.
invenietur] ac nudus, et inhabitant [Diling. habitant] in eo
cogitationes turpes ac sordidae, sicut nycticorax in domicilio.

Wo die Ueberſetzungen mit dem Berliner Text nicht genau
ſtimmen, iſt eine in dieſem durch Schreibfehler entſtandene Variante
oder Lücke der Grund. Wo das nicht der Fall iſt, ſtimmen
ſie in der Regel bis auf die kleinſten Wendungen. Im Oxforder-
Römiſchen Texte z. B. heißt es S. 45/₄₈: ἐν γὰρ τῷ
λιμένι ἐκείνῳ ἕκαστος ἐν τῷ οἰκείῳ πλούτῳ καὶ τῇ ἑαυτοῦ
καγχᾶται ἐμπορίᾳ, im Berliner Texte 7/₈: ὁ λιμὴν ἐκεῖνος
τῶν ἐμπόρων ἐστίν· εἷς δὲ ἕκαστος κ. τ. λ., in den Ueberſetzungen: Portus namque ille negotiatorum est u. ſ. w. Im
Oxforder-Römiſchen Texte ſteht S. 46/₇: φοβοῦμαι, ἀγαπητοί,
μὴ τὰ πάθη τῆς σαρκὸς ἐκβάλωσιν ἡμᾶς ἔξω τοῦ νυμφῶνος,
ἔξωθεν σχηματισθέντας· τὸ γὰρ σχῆμα τὸ ἔξωθεν κ. τ. λ.,
im Berliner Texte 7/₁₆: δέδοικα, ἀγαπητοί, — τοῦ νυμφῶνος
ἐκείνου· μὴ σχηματισθῶμεν ἔξωθεν μόνον, ἔχοντες ἔσωθεν
τὰ σαρκικὰ πάθη, in den Ueberſetzungen: ne habitum solummodo
[Colon monacbi] extrinsecus ostendamus, et [et om. Diling.] habentes carnales passiones intrinsecus lugeamus [Diling. langue-
amus]. Im Oxforder-Römiſchen Texte lieſt man S. 47/₂: εἴ τις τοίνυν
πεινᾷ, οὐκ ἐγκαλεῖται ἐσθίων μεμετρημένως· ἐπειδὴ κατὰ φύσιν
ἐπείγηται, im Berliner Texte 8/₂₁: πεινᾷ τις κατὰ φύσιν· οὐκ
ἐγκαλεῖται ἐὰν συμμέτρως ἐσθίει· εἰ δὲ ἀμέτρως ἐσθίει,
καταγινώσκεται· φυσικὴ γὰρ ἡ πεῖνα, in den Ueberſetzungen:
Si quis [Diling. quisquam] secundum naturam esuriat, non accu-

satur, si in mensura sumpserit cibum [Diling. cibum sumpserit]; si autem edens mensuras excesserit modum [Diling. modum excesserit], denotatur. Naturalem namque esse esuriem quis [Diling. qsippe esuriem quis esse] nesciat. Jm Orforder‹ Römischen Texte findet sich S. 48/₂₇: θέλει δὲ καὶ τὴν προ‹ αίρεσιν ἡμῶν ἐπαινεῖσθαι ὑφ’ αὑτοῦ, τὰ εὔχερῆ νοσήμετα καὶ εὐτελῆ ἰωμένην· τὰ γὰρ βαρέα καὶ δυσίατα αὐτὸς θερα‹ πεύει, im Berliner Texte 48/₂: θέλει τε τὴν προαίρεσιν ἡμῶν καὶ ἐπαινεῖσθαι παρ’ αὑτοῦ. πᾶν νόσημα ἡμῶν δυσχερὲς καὶ δυσίατον αὐτὸς ἰᾶται, πᾶν δέ, ὃ ἂν ᾖ εὐτελὲς ἡμῶν καὶ εὔχερὲς νόσημα, τοῦτο βούλεται ὑπὸ τῆς προαιρέσεως ἡμῶν ἰᾶσθαι, ὅπως δοξασθῇ ὑπὸ τῆς ἀγαθότητος αὐτοῦ, in den Ueberſetzungen: Vult etiam, ut voluntatis nostrae arbitrium ab eo collaudetur, et sanet [Diling. voluntatis nostrae arbitrio conteramus] omnem languoris nostri duritiam, et quod est difficile ad sanandum, ipse sanitatem impartitur [Diling. impertit]. Omne autem quod facile recipit [Diling. percipit] sanitatem, hoc vult ut propria industria ac voluntate curemus, ut a bonitate [Diling. ut bonitatis] eius gloriam mereamur, u. f. w.

Das Gleiche nun gilt von der dem Anfange des XV. Jahr‹ hunderts angehörigen Ueberſetzung des Ambroſius Camaldulenſis [1]; obſchon von jenen alten verſchieden und ſelbſtſtändig, hat doch auch ſie mit dem Orforder‹Römiſchen Texte nichts gemein, ſondern folgt, wie jene, dem Texte der Berliner Handſchrift.

Die drei erwähnten Ueberſetzungen fußen auf nicht näher bekannten Handſchriften, auch Ambroſius meldet in der Widmung an Cosmo von Medici nichts über die von ihm benutzten Quel‹ len. Erſt der vierte Ueberſetzer, Gerard Voß (Vossens), ſpricht über ſein handſchriftliches Material. Seine lateiniſche Ausgabe der Werke Ephrams wurde auf Anregung und unter dem Schutze der Päbſte Gregor XIII. und Sixtus V. unternommen, die Schätze der ita‹ lieniſchen Bibliotheken ſtanden ihm offen. Er nennt nicht blos in den Vorreden mehre durch ihr Alter ausgezeichnete Handſchriften,

---

1) Libri S. Effrem de compunctione cordis etc. s. l. a. a. fol. 2a. Weitere Drucke ſind Florentiae 1481, fol. Brixiae 1490, 4. Venet. 1501, 4. Paris. 1505, 4. Argentor. 1509, 4. Patav. 1565, 8.

fonbern viele Stellen in feinen Scholien, worin er aus ihnen
Barianten mittheilt, zeigen, daß er fie auch benußt hat ¹). Haupt-
fächlich treten eine „fehr alte“ Handfchrift aus der Sforzianifchen
Bibliothet [exemplar et maximum et antiquissimum vetusto charactere graeco in membranis descriptum ex Sfortiana biblio-
theca] und zwei von „wunderfamem Alter“ aus Grottaferrata
hervor; eine der leßtern trug die Bemerkung, daß fie im Jahre
des Herrn φλα d. i. 531 gefchrieben wurde [duo graeco ma-
nuscripti codices mirae antiquitatis ex Cryptaferrata, quorum
alter, ut in eius calce continebatur, conscriptus est anno domini
φλα id est 531, unde admirandam vetustatem collige]²). Bei dem
auffallenden Alter vermuthete Montfaucon³), φλα fei verfchrieben
für ςφλα d. i. 1023. Diefelbe fcheint jeßt zwar verfchollen; an
ihrer Exiftenz aber tann man nicht zweifeln, da Boß aus
ihr nicht bloß die Subfcription διὰ χειρὸς τοῦ Ἰωσᾶ κατ’
ἐπιταγὴν τοῦ ὁσιωτάτου καὶ πνευματικοῦ ἡμῶν πατρός Νί-
κωνος nebſt einigen Verfen τοῦ γράψαντης ἁμαρτωλοῦ Ἰωσᾶ mittheilt ⁴), fondern auch wiederholt in den Scholien ihre Lesarten
bringt. Aus welchen Handfchriften er fpeziell unfer Schriftflück
überfeßte, meldet er nicht; gewiß ift, daß es in der Sforzianifchen,
vorzugsweife feiner Arbeit zu Grunde liegenden Handfchrift angetroffen wurde. Von ihr nämlich hat Affemani eine Inhaltsan-
zeige nachträglich gebracht; urfprünglich, als er das Schriftflück
abdrudte, war fie ihm noch unbelannt; man bewahrte fie in der
Paffioneifchen Bibliothek ⁵). Daß dagegen erhielt fie gleich anfäng-
lich zum Zwede feiner Ueberfeßung, fchrieb fie ganz ab, und
verglich fie mit den Valitanifchen Handfchriften ⁶). Es ift wahr-

---

1) S. Ephraemi Syri Opera omnia Interprete Gerardo Vossio
Romae 1589 ff. III, 34. Andere Ausgabe Colon. 1603. 1616. 1675,
fol., S. 539. Antv. 1619, fol., S. 422.

2) Vol. I Epist. dedicatoria und Ad lectorem.

3) Palaeographia graeca, Paris 1708 S. 48.

4) Vol. III am Schluffe, Kölner Ausgabe S. 817.

5) S. Ephraemi Opp. T. II p. VI.

6) Vol. I Ad lectorem: Primum omnium exemplar et maximum
et antiquissimum vetusto charactere graeco in membranis descriptum
medio atque favore Sanctissimi D. N. Xysti V. ante eius Pontificatum
ex Sfortiana bibliotheca commodato accepimus, illudque iam totum

scheinlich, daß sie auch in unserm Schriftstücke der Uebersetzung zu
Grunde liegt, die in den Scholien mitgetheilten Varianten aber
den Vatikanischen Handschriften entnommen sind. Wie dem auch
sein mag, Voß lieferte unter Benutzung reichen handschriftlichen
Materials eine neue Uebersetzung. Und sieh, auch diese geht, wie
die drei frühern, in allen wesentlichen Abweichungen nicht mit dem
herkömmlichen griechischen Texte, sondern mit dem Texte in der
Berliner Handschrift. Nur an der einen Stelle, wo diese Progr.
S. 24 f. die fast eine Seite andauernde Abweichung zeigt [1],
gibt Voß in der ersten Hälfte den Berliner, in der andern den
Oxford-Römischen Text wieder, während die übrigen Uebersetzungen auch an dieser Stelle genau mit dem Berliner Texte
stimmen. Voß schöpfte hier wohl ekleitisch aus verschiedenen Handschriften.

Es erhellt also, daß der in der Berliner Handschrift gegebene
Text nicht vereinzelt steht. Sämmtlichen lateinischen Uebersetzungen
liegt er zu Grunde, von den ältesten handschriftlichen in den Bibliotheken an bis zu der mit Hülfe des reichsten handschriftlichen
Apparats angefertigten Voßischen Uebersetzung herab. Er war bisher nicht bekannt, erst jetzt ist ein Theil in den Bruchstücken ver-
öffentlicht worden. Nun klären sich auch die vielen Abweichungen
der Uebersetzungen von dem bisherigen griechischen Texte auf, wegen
deren Voß, nachdem die Oxforder und die Römische Ausgabe erschienen waren, scharf getadelt wurde. Er habe, hieß es, untreu
übertragen, Einzelnes willkührlich entfernt, andere Stellen geändert,
häufig den Text interpolirt und Fremdartiges in ihn hineingetragen [2]. An unserm Schriftstück erkennt man, wie er einen von dem

transscriptum cum pluribus Vaticanis manuscriptis contulimus, et si quae
in iis plura reperirentur, etiam desumpsimus. Nec defuit tam pio in-
stituto Card. Sirletus Bibliothecarius Apostol., qui promptissime et
avidissime quidquid huius S. Patris sciret, ex incomparabili librorum
suorum thesauro depromebat ac me ad opus vehementer incitabat
et animabat. Vgl. Epistola dedicatoria.

1) Oben S. 16 und S. 7.

2) Vgl. Kohllus, Introductio in historiam et rem literariam Slavorum, imprimis sacram, sive historia critica versionum Slavonicarum
maxime insignium, nimirum codicis sacri et Ephraemi Syri, Alton. 1729
S. 281. Assemani T. II Proleg. p. XXVI ff.

edirten Oxforder-Römischen verschiedenen Text wiebergibt, ber sich
für biesen *Λόγος* in ber Berliner Handschrift wieberfinbet. Affemani setzte bie Bossische Ueberfehung als bie verbreitelste neben
feinem Oxforder Text. Die zahlreichen Stellen, an welchen sie
nicht stimmte, hätten ihn warnen unb veranlassen bürfen, bem
Grunde nachzuforschen. Es unterblieb, er beschränkte sich barauf,
bie Ueberfehung so weit zu änbern, baß sie neben feinem Texte
bestehen konnte [1]. Gleichwohl sind nicht wenige Stellen geblieben,
wo bie lateinische Ueberfehung bes Berliner Textes ben Oxforder
Text begleitet. Hinwieber hat er anberswo offenbare Fehler unb
Lücken seines Textes in bie Bossische Ueberfehung hineingetragen.

So liegen also bie Dinge. Der aus ber Berliner Hanb-
schrift von mir veröffentlichte Text ist n e u. J. Gilbemeister macht
sich bas Vergnügen nachzuweisen, baß berselbe schon minbestens
fie ben z eh n mal gebruckt sei, inbem er noch ben zwei griechischen
Ausgaben bie fünfzehn Abbrücke ber vier lateinischen Ueber-
sehungen aufzuzählen sich bie Mühe gibt [2]. Der liubische Wih
fällt auf ihn selbst zurück: bie Bruchstücke waren g r i e ch i sch
noch gar nicht gebruckt, in ben lateinischen Ueberfehungen aber
sind sie, ohne baß J. Gilbemeister es weiß, wirklich wiebergegeben.
Die Anstrengung, womit bie siebenzehn Ausgaben so laut in
bie Welt hinein posaunt worben sind, baß es sogar im Klabbera-
batsch wieberklang, ist also vergeblich gewesen. Das Publikum kann
nun näher bahin belehrt werben, baß J. Gilbemeister ihm bie Verschiebenheiten ber beiden Texte — wohl um ben Einbruck feiner
Denunciation nicht abzuschwächen — verschwiegen, baß er feiner-
seits, trotz ber Fingerzeige, welche bie von ihm benutzten lateinischen
Ueberfehungen barboten, jene Verschiebenheiten gebankenlos auf sich
hat beruhen lassen, unb, ohne sich viel um bie Sache felber zu küm-
mern, ohne Weiteres aus feinem glücklichen Funbe anb bem, was
sich von selbst baraus ergab, Kapital gemacht unb immer mehr
Zinsen herauszuschlagen gesucht hat. Unb nun, so scheint es, sind

1) S. Ephraem. Opp. T. I p. II.
2) Die bort gegebenen literarhistorischen Notizen sind übrigens nicht
ganz richtig, was ich, um J. Gilbemeister zur Fortsehung bieser biblio-
graphischen Stubien anzuspornen, nebenbei bemerke.

Kapital und Zinsen verloren, und der ganze Aufwand von Klatschrei und Uebermuth und böser Zunge läuft schließlich auf nichts Anderes hinaus, als auf ein Zeugniß von der Oberflächlichkeit des Denoncianten und seines Machwerks. Kehren wir zu den beiden griechischen Texten zurück. Wir haben in ihnen zwei verschiedene Uebersetzungen erkannt. Fragt man, welcher von ihnen größerer Werth zuzumessen sei, so müßte, um ein authentisches Urtheil zu fällen, das Original vorliegen. Die Vergleichung der Texte aber, an und für sich als griechische Schriftstücke betrachtet, fällt nicht zu Gunsten des gedruckten Oxforder-Römischen aus. Es gibt sich bei ihm eine so entschiedene Ungeschicklichkeit in Styl und Ausdruck kund, daß man nicht umhin kann, auf eine geringere Befähigung ihres Urhebers überhaupt zu schließen. Daß darin nicht zuviel behauptet ist, entnehme man Beispielen wie diese:

Berliner Handschrift Progr. S. 12/₁₁.	Oxforder-Römische Ausgabe Assem. 40/₁₄.
Τίνι ἀπετάξω, ἀγαπητέ, εἰ ἐπιζητεῖς ἀνάπαυσιν κοσμικήν; πάλαι εἰς θλίψιν γάρ σε ἐκάλεσεν, καὶ σὺ ἀνάπαυσιν ζητεῖς; εἰς γυμνότητα, καὶ σὺ ἱμάτια φιλοκαλεῖς; εἰς δίψαν ἐκλήθης, καὶ οἶνον θέλεις πιεῖν; ἀλλὰ καὶ εἰς ἀγρυπνίαν κληθεὶς ὑπὸ τοῦ ὕπνου καταφέρει; εἰς κλαυθμὸν ἐκάλεσέ σε καὶ ὀδυρμόν, καὶ σὺ χαίρεις καὶ γελᾷς; εἰς ἀγάπην, καὶ σὺ τὸν ἀδελφὸν μισεῖς; εἰς ὑποταγήν, καὶ σὺ ἀντιλέγεις; κληρονόμον σε ἐκάλεσε τῆς βασιλείας αὐτοῦ, καὶ σὺ τὰ γήϊνα φρονεῖς; ἐπὶ πραότητα καὶ ταπεινοφροσύνην ἐκλήθης, καὶ σὺ ὑπερηφανεύῃ καὶ ἀλαζονεύῃ;	Τί δὲ ἀπετάξω τῷ κόσμῳ, ἀγαπητέ, εἰ ἔτι ἀνάπαυσιν κοσμικὴν ἐπιζητεῖς, ἀντὶ γυμνότητος ἐσθῆτα καὶ ἀντὶ δίψους οἰνοποσίαν ἐπιζητῶν; εἰς πόλεμον κληθεὶς χωρὶς ὅπλων τοῖς ἐχθροῖς θέλεις παρατάξασθαι· ἀντὶ ἀγρυπνίας ὕπνῳ καταφερόμενος· καὶ ἀντὶ κλαυθμοῦ καὶ ὀδυρμοῦ γέλωτα προιέμενος· καὶ ἀντὶ ἀγάπης μῖσος πρὸς τὸν ἀδελφὸν ἔχων. Εἰς ὑποταγήν, καὶ σὺ ἀντιλέγεις; εἰς κληρονομίαν ἐκλήθης ἐπὶ βασιλείας, καὶ σὺ τὰ γήϊνα φρονεῖς; ἀντὶ ταπεινοφροσύνης καὶ πραότητος ἀλαζονείαν καὶ ὑπερηφανίαν περιφέρειν;

Hier ist in dem Texte der Berliner Handschrift dieselbe rhetorische Form in der ganzen Stelle durchgeführt. Sie ist in sämmtlichen Uebersetzungen in der gleichen Weise wiedergegeben. Die
beiden zu Köln und Dillingen gedruckten haben: In tribulationem
[Diling. In tribulatione quippe] vocatus es et tu de refrigerio
[Diling. de seculari laetitia] percunctaris? u. s. w. Ambrosius übersetzt: Ad afflictionem te illo vocavit et tu requiem
quaeris? u. s. w. Voß hat: Ad tribulationem vocatus es et
tu requiem quaeris? u. s. w. bis zu Ende. Ebenso bei
Assem. III, 152, wo diese Stelle wiederkehrt. Daß dies
auch die Form des Originals gewesen, würde man vermuthen dürfen, auch wenn nicht der Urheber des Oxforder-Römischen
Textes selber bei den Worten εἰς ὑποταγὴν καὶ σὺ ἀντιλέγεις,
die bei ihm überraschend genug eintreten, in sie hineinfiele. In-
zwischen hat er vorher und wieder am Schlusse andere Wendungen vorgezogen und dadurch nicht bloß die rhetorische Form des
Ganzen zerbrochen, sondern auch den Inhalt der im Originale
selbstständigen Sätze durch die von ihm gebildeten Partizipialsätze
willkührlich zu- und durcheinander gewürfelt; die trotz der Participien und der Verbindungen mit καί beibehaltene trennende
Interpunktion kann noch die ursprünglichen unabhängigen Satz-
glieder anzudeuten scheinen. Hat gleich im Eingange die Berliner
Handschrift, mit ihr alle Uebersetzungen, ein Glied mehr, welches
im Oxforder-Römischen Texte fehlt, nämlich: πάλαι εἰς θλίψιν
γάρ σε ἐκάλεσε καὶ σὺ ἀνάπαυσιν ζητεῖς, so wird dies eine von
den vielen Lücken der Oxforder Handschriften, und durch das
sich wiederholende ζητεῖν veranlaßt sein.

Aehnliches zeigt die Stelle kurz vorher. Man liest:

Berliner Handschrift Progr. S. 11/₁₁.	Oxforder-Römische Ausgabe Assem. 48/₆₆.
ἡμεῖς τοίνυν ἀμελοῦμεν ζη-τῆσαι αὐτόν, καὶ ὀκνοῦμεν τοῦ ἐπικαλεῖσθαι αὐτόν· αὐτὸς δὲ ἠγάπησεν ἡμᾶς, αὐτὸς ὑπερεί-ρησεν, αὐτὸς ἐλυτρώσατο, αὐ-τὸς ἀντελάβετο, αὐτὸς ἐφώτισε	ἡμεῖς τοίνυν ἀμελοῦμεν ἐπι-καλεῖσθαι αὐτὸν εἰς βοήθειαν ἡμῶν καὶ ἀντίληψιν, αὐτοῦ ἡμᾶς ἀγαπῶντος καὶ οἰκτίρον-τος; αὐτὸς ἡμᾶς ἐλυτρώσατο, καὶ τοὺς ὀφθαλμοὺς τῆς δια-

τοὺς ὀφθαλμοὺς τῆς διανοίας | νοίας ἡμῶν ἐφώτισεν· αὐτὸς
ἡμῶν, αὐτὸς παρέσχεν, ἡμῖν | παρέσχεν ἡμῖν τὴν εἰς αὐτὸν
τὴν εἰς αὐτὸν γνῶσιν κ. τ. λ. | γνῶσιν κ. τ. λ.

Auch hier iſt in dem Oxforder-Römiſchen Texte der Gegenſatz αὐτὸς δὲ — alle lateiniſchen Ueberſetzungen ſetzen gleich mit
ipse autem ein — in den erſten Gliedern preisgegeben, dann
aber in dritter Reihe, nun unmotivirt, auch wieder gebracht; der
Ueberſetzer hätte fortfahren dürfen: αὐτοῦ ἡμᾶς λυτρώσαντος καὶ
τοὺς ὀφθαλμοὺς τῆς διανοίας ἡμῶν φωτίσαντος u. ſ. w.
Im Originale wird die eine oder, die andere Form durchgeführt
geweſen ſein. Das Gemiſch weiſt gewiß auch hier auf einen
ſeine Aufgabe nicht beherrſchenden Ueberſetzer zurück.

Ich füge andere Beiſpiele hinzu. Progr. S. 5/₇ iſt die
Rede von der Arche Noe und der vergeblichen Warnung, die ſie
der Welt ertheilte. Die ſich in der Arche verſammelnden Thiere
werden geſchildert, dann heißt es, im Verfolge einer Reihe Partizipien, die von θεωρεῖν abhängen (ζῶα συναγόμενα, ἐλέφαντας
— ἐρχομένους, ἑρπετά — αὐλιζόμενα), ſchließlich von Noe ſelber in
der Berliner Handſchrift alſo: αὐτόν τε τὸν Νῶε σπουδάζοντα
κατασκευάζειν τὴν κιβωτόν. Das iſt der richtige griechiſche
Ausdruck: ἐθεώρουν — αὐτὸν τὸν Νῶε σπουδάζοντα κατασκευάζειν. Bringt nun dafür der Oxforder-Römiſche Text
S. 44/₁₀: αὐτόν τε τὸν Νῶε μετὰ σπουδῆς κατασκευάζειν, ſo
hat hier der Ueberſetzer den Begriff der σπουδή, der im Original ohne Zweifel durch ein Verbum ausgedrückt war, mit μετὰ
σπουδῆς wiedergegeben, und den im Originale von dem erſten
Zeitwort abhängigen Infinitiv als Hauptverbum ſtehen laſſen.
Er hätte wenigſtens μετὰ σπουδῆς κατασκευάζοντα ſchreiben
ſollen. Aehnlich lieſt man im Oxforder-Römiſchen Text S. 45/₉:
διὸ μετὰ πολλῆς σπουδῆς κτησώμεθα αὐτόν. Ein ſolches
μετὰ πολλῆς σπουδῆς verlangte zur Verbindung mit κτήσασθαι
die Vermittlung etwa eines ζητεῖν; es müßte heißen: διὸ μετὰ
πολλῆς σπουδῆς ζητῶμεν κτήσασθαι αὐτόν. Auch hier iſt
daſſelbe Zeitwort des Originals unvorſichtig wiedergegeben, der
andere Ueberſetzer, in der Berliner Handſchrift 6/₁₁ ſchrieb
richtig: σπουδάσωμεν οὖν αὐτὸν κτήσασθαι. Beim Eingange

der Stelle von der Arche bringt der Oxforder-Römische Text
S. 44/7: θαυμαστὸν γὰρ ἦν τὸ πρᾶγμα, ἀδελφοί, θεωροῦντες τὰ ἄγρια ζῶα συναγόμενα εἰς ἕν. Das in der Luft schwebende θεωροῦντες ist wenig geschickt. Die Berliner Handschrift gibt 5/7: θαυμαστὸν γὰρ ἦν πρᾶγμα, ἀδελφοί, ὅτι [lies ὅτε] ἐθεώροιν. Aehnlich trifft man S. 59/13: ἔοικεν ὁ μοναχὸς στρατιώτῃ ἰόντι εἰς πόλεμον καὶ τρόπσοντι — νήφων ἕως τῆς νίκης καὶ ἀγωνιῶν. Auch S. 51/12 heißt es ungeschickt: τότε ἔκπληξις λάβῃ τὴν σὴν διάνοιαν λέγων· πῶς μετεωριζομένου μου παρῆλθον αἱ ἡμέραι μου. Besser schrieb der Uebersetzer in der Berliner Handschrift S. 14/11 λέγοντος οὕτως.

Wenn in der Berliner Handschrift S. 10/9 steht: ἐὰν δὲ μεταμεληθεὶς καταγνῷ ἑαυτοῦ καὶ προσπέσῃ τῷ νομοθέτῃ καὶ εἴπῃ· ἥμαρτον κ. τ. λ., so läuft alles natürlich ab. Hat statt dessen der Uebersetzer in dem Oxforder-Römischen Text 48/14: ἐὰν δὲ μεταμεληθεὶς καταγνῷ ἑαυτοῦ, προσπεσὼν τῷ νομοθέτῃ καὶ εἰπών, so ist durch ungeschicktes Zusammenziehen der Zeitwörter auch εἴπῃ ins Participium gerathen; er hätte es wenigstens bei einem καὶ προσπεσὼν τῷ νομοθέτῃ εἴπῃ bewenden lassen dürfen.

S. 11/6 heißt es im Berliner Text: ἰᾶται μὲν τὰ τραύματα τοῦ ὀκνηροῦ, ἵνα ἀνοίξῃ τὸ στόμα αὐτοῦ πρὸς δοξολογίαν τῆς αὐτοῦ ἀγαθότητος· ἀφίησι δὲ τῷ ἁμαρτωλῷ τὰς ἁμαρτίας, ὅπως διεγείρῃ αὐτὸν εἰς προθυμίαν. Der Oxforder-Römische Text bringt 48/99: ἰᾶται μὲν τοῦ ὀκνηροῦ τὰ τραύματα διὰ τὸ ἀνοίγειν αὐτὸν [lies αὐτῷ] εἰς δοξολογίαν τὸ στόμα, καὶ τοῦ ἁμαρτωλοῦ ἀφίησι τὰς ἁμαρτίας ἐπὶ τὸ εἰς προθυμίαν διεγεῖραι αὐτόν. Dort oben ist ἵνα ἀνοίξῃ und ὅπως διεγείρῃ verständlich und natürlich, in den lateinischen Uebersetzungen heißt es ut aperiat und ut erigat. Dahingegen ist das zweideutige διὰ τὸ des Oxforder-Römischen Textes unverkennbar eine zwar wörtlichere, aber wenig geschickte Wiedergabe des originalen Verbindungswortes.

Und kann man die der Gewandtheit ermangelnde, unbehülfliche Hand verkennen, wenn es im Oxforder-Römischen Texte

S. 47/₄ (8/₁₄) heißt: ἀλλ' ἴσως ἐρεῖ τις, τὰ πάθη φυσικά
εἶναι, καὶ ὅτι ἀνέγκλητοί εἰσιν οἱ πράσσοντες αὐτά?
Oder S. 48/₂₂ [10/₁₉]: ποῖος δὲ πατὴρ οὕτως ἀγαπᾷ, καθὼς ὁ ἡμέτερος δεσπότης ὁ ἀγαπῶν ἡμᾶς τοὺς αὐτοῦ
δούλους? Oder S. 53/₁₆ [17/₉]: πῶς ἀπὸ μιᾶς φύσεως καὶ
ἑνὸς γενόμενος κτίσματος καὶ ἐν τῇ βασιλείᾳ ἀπ' αὐτῶν
καὶ — κατεκληρώθησαν? Verräth der Satz Geschicklichkeit, der
also lautet S. 53/₂₂ [17/₄]: ἔκλαυσα ἕως ὅτου οὐκ ἔμεινεν
ἰσχὺς ἐν ἐμοὶ τοῦ ἔτι κλαῦσαι? Das einfache ἕως ὅτου ἔμεινεν ἰσχύς wäre deutlicher gewesen, aber das Original hatte eine
Negation; die Berliner Handschrift hat ἕως οὐχ ὑπελήφθη ἐν
ἐμοὶ ἰσχύς. Das Nämliche gilt von Stellen, wie S. 54/₇ [18/₃]:
ὅπου οὐ χρῄζει καὶ δακρύων καὶ μετανοίας, die Berliner Handschrift hat ὅτ' χρῄζει τις δακρύων καὶ μετανοίας, S. 58/₁
[21/₁₀]: προσδέχεταί σε καὶ ὑπερασπίζει σου καὶ πάντων
δὲ τῶν ἐξ ὅλης καρδίας ἐκζητούντων αὐτόν, die Berliner
Handschrift hat καὶ πάντων ὁμοῦ, S. 60/₁₆ [26/₁₀]: διὸ
συμβουλεύω ὑμῖν — μὴ στερηθῇς, die Berliner Handschrift hat διὰ γὰρ τοῦτο βούλομαί σοι συμβουλεῦσαι —
μὴ στερηθῇς, u. s. w.

Man erkennt hieraus, wie es mit dem Uebersetzer in dem
Oxforder-Römischen Texte sich verhält. Weit schlimmer noch steht es
mit diesem Texte selber, wenn wir ihn in Bezug auf seine Reinheit,
also die in ihm vorhandenen Schreibfehler ins Auge fassen. Bekannt
ist, daß keine Handschrift fehlerfrei ist; so finden denn auch hier
sich Schreibfehler auf beiden Seiten. Herr J. Gildemeister be-
sitzt nur Augen für Schreibfehler des Berliner Textes. Inzwi-
schen wimmelt grade der Text der Ausgaben in einem ungewöhn-
lichen Grade von Schreibfehlern aller Art. Assemani trägt die
Verantwortung, einen solchen Text zum zweiten Male abgedruckt
zu haben; seine Handschriften hatten ihm ohne Zweifel die Ver-
besserung vieler Fehler an die Hand gegeben. Seine Verantwortung ist um so größer, als er die Uebersetzung von Voß zur
Vergleichung vor sich hatte. Den Verfasser der Flugschrift scheint
nicht einmal durch den zweiten griechischen Text, dessen gleicher
Inhalt überall ein Spiegel für den Oxforder-Römischen ist, von

der großen Menge der Fehler in dem letztern eine Ahnung über-
kommen zu sein, obschon er auf den Zustand des Textes
in der Orforder-Römischen Ausgabe ausdrücklich aufmerksam
gemacht wurde. [1]) Sehen wir, wie es mit dem Orforder-Römischen Texte wirklich steht. Eine vollständige Berichtigung desselben wäre Sache des Philologen; allein durch die Vergleichung
der beiden Texte und der lateinischen Uebersetzungen scheinen sich
Fehler, wie folgende, für Jeden deutlich zu ergeben.

Die Berliner Bruchstücke beginnen S. 41/7 der Römischen
Ausgabe. Sogleich heißt es in dieser S. 41/11: ὁ γὰρ ἐρχό-
μενος κατηχηθῆναι, πρὸ τοῦ κατηχηθῆναι διδάσκει· πρὸ
τοῦ μαθεῖν νομοθετεῖ· καὶ πρὸ τοῦ συλλαβῆσαι φιλοσοφεῖ·
πρὸ ὑποταγῆς ὑποτάττει· καὶ πρὶν ἢ κελευσθῆναι κελεύει·
καὶ πρὶν ἢ παρενεχθῆναι νομοθετεῖ. Das letzte
Glied ist unverständlich, und νομοθετεῖ ging schon im zweiten
Gliede vorher. Der Orforder Herausgeber vermuthete statt παρενεχθῆναι am Rande παρελεγχθῆναι. Aendert man dazu noch
νομοθετεῖ in νουθετεῖ, so ist die Stelle in Ordnung; ἐλέγχειν
und νουθετεῖν sind synonym. Wie es vorne πρὸ τοῦ κατηχηθῆναι διδάσκει hieß, so wird es hier geheißen haben πρὶν ἢ
παρελεγχθῆναι νουθετεῖ. Ambrosius übersetzt priusquam
corripi sustineat, corripit. Mit demselben corripere gibt er
auch das νουθετεῖν des Berliner Textes 26/7 wieder.

S. 42/24 liest man: ἀλλὰ ἕνα κανόνα κάτεχε σεαυτῷ,
ἀγαπητέ, δι' οὗ δυνήσει τῷ θεῷ εὐαρεστῆσαι καὶ σεαυτὸν
καὶ τὸν πλησίον χρησητεύσαι. Die Berliner Handschrift
hat richtig 3/9 καὶ σεαυτῷ καὶ τῷ πλησίον χρησιμεύ-
σαι. Vgl. S. 59/10.

Lautet der zunächst folgende Satz S. 42/24: εἰ δὲ ἑαυτὸν
νεκρώσεις καὶ μόνος εἶ, ἄκουε τοῦ δεσπότου σου εἰ-
πόντος· καθὼς θέλετε ἵνα ποιῶσιν ὑμῖν οἱ ἄνθρωποι, ὑμεῖς
ποιεῖτε αὐτοῖς ὁμοίως, so passen hier Vorder- und Nachsatz
nicht zu einander. Zum erstem ist der Nachsatz, zum zweiten
der Vordersatz ausgefallen, und ἑαυτόν soll heißen σεαυτόν.
Die Berliner Handschrift 3/10 hat richtig: εἰ δὲ σαυτὸν νε-

1) Bonner Zeitung 9. August 1866.

κρώσεις καὶ μόνος εἶ, μὴ διακρίνου ὑπηρετούμενος ὑπὸ ἄλλου· μετὰ πλήθους ἐὰν ᾖς, ἄκουε τοῦ δεσπότου εἰπόντος κ. τ. λ. Beide alten Ueberſetzungen haben: si autem mortificaveris temet ipsam et solus es, noli discernere, si ab aliis tibi ministratum fuerit; si autem cum multitudine [in der Kölner fratrum spiritualium] fueris, audi dominum tuum dicentem. Ambroſius bringt: dum tibi ministratur a plurimis, offensam cave; si vero in multitudine vixeris. Aus der Boſſiſchen Ueberſetzung hat Aſſemani die über ſeinen verſtümmelten Text hinausgehenden Worte: dum tibi a plurimis ministratur, offensam caveto; at si in multitudine vitam degas weggeſchnitten.

S. 42/₄₁ fehlt zu: διὰ δὴ τοῦτο οἱ τέλειοι πατέρες, θεμελιώσαντες ἑαυτοὺς εἰς ἕνα κανόνα, τὸ ἐναρχθὲν αὐτοῖς ἐπιτελέσαντες ἕως τῆς τελευτῆς ἀνυπόδιστον das Prädikat. Die Berliner Handſchrift 3/₁₄ gibt es mit τέλειοι εὑρέθησαν. Beide alten Ueberſetzungen und Ambroſius haben perfecti inventi [Diling. reperti] sunt, Voß perfecti exserunt, Aſſemani ſchnitt dies fort.

S. 42/₄₆ iſt in den Worten μέχρι γὰρ τεσσαράκοντα ἢ πεντήκοντα τὸν ἑαυτὸν οὐκ ἤλλαξαν κανόνα das unrichtige ἑαυτὸν wohl aus dem zu den Zahlen gehörenden ἐνιαυτῶν und den Worten τὸν αὐτὸν οὐκ ἤλλαξαν κανόνα entſtanden, beides hat die Berliner Handſchrift 3/₁₅ richtig.

S. 43/₆ vermißt man zu den Worten τὸν δὲ γέλωτα ἄχρι καὶ μειδιάματος das Zeitwort. Sectantes vero, welches J. Gildemeiſter Flugſchrift S. 14 bei den vorhergehenden Gliedern des Satzes ergänzen will, würde zu dieſem ſchlecht paſſen. Die Berliner Handſchrift 4/₁ gibt τὸν δὲ γέλωτα ἄχρι καὶ μειδιάματος ἔφυγον. Der alte Ueberſetzer in der Dillinger Ausgabe hat: et non tantum risum, sed etiam subridere praecavebant, Ambroſius: risum illi ultra serenitatem vultus progredi nunquam permittebant.

S. 43/₁₈ ſteht: καὶ οἵτε αὐτοὶ αὐτῶν οἵτε ἀκούσαντες περὶ αὐτῶν τὸν θεὸν ἐδόξασαν ſtatt οἵτε θεαταί. Die Berliner Handſchrift 4/₅ hat: καὶ οἱ θεαταὶ αὐτῶν οἵ τε ἀκούσαντες τὰ περὶ αὐτῶν. Die alte Ueberſetzung in der Dillinger Ausgabe hat: qui videbant eos et qui audiebant, ähnlich die andern Ueberſetzungen.

S. 43/₁₄ findet ſich: καὶ γὰρ ἐὰν μήτις καθάρῃ ἑαυτὸν ἀπὸ παντὸς πονηροῦ πράγματος καὶ ῥυπαρῶν λογισμῶν, ἐπιθυμιῶν τε κακίστων καὶ ὀργῆς, τοῦ τε θυμοῦ καὶ φθόνου καὶ τῆς ὑπερηφανίας, τῆς τε κενοδοξίας καὶ μίσους καὶ τῆς ἀντιλογίας, καταλαλιᾶς τε καὶ φλυαρίας καὶ τῆς ἀδιαφορίας, καὶ τί πάντα νυνὶ κατὰ μέρος ἀπαριθμοῦμεν; πάντων γὰρ ὧν μισεῖ ὁ θεὸς ἅπαξ ἁπλῶς, ἵνα ἀποστραφεὶς πόῤῥω ἀπέχοι ἀπ᾽ αὐτῶν, τότε ἐνοικήσει ἐν αὐτῷ ὁ θεός. Die Stelle berührte ich oben unter den Beiſpielen verſchiedener Auffaſſung längerer Perioden. Der Ueberſetzer im Orforder-Römiſchen Texte gibt eine zuſammenhängende Periode wieder; dann aber müßte es am Schluſſe, wo der Vorderſatz wieder aufgenommen wird, heißen: πάντων γὰρ ὧν μισεῖ ὁ θεὸς ἅπαξ ἁπλῶς ἐὰν μή ἀποστραφεὶς πόῤῥοι ἀπέχοι ἀπ᾽ αὐτῶν, οὔποτε ἐνοικήσει ἐν αὐτῷ ὁ θεός.

S. 43/₁₈ lieſt man: εἰπὲ γάρ μοι, εἴτις ἐβουλήθη ῥῖψαί σε ἐν βορβόρῳ, ὥστε διὰ παντὸς ῥῖψαί σε ἐκεῖ. εἶναι, ἠνέσχου ἂν αὐτοῦ; Irrig hat hier ῥῖψαι ſich wiederholt, es muß lauten ὥστε διὰ παντός σε ἐκεῖ εἶναι, wie es in der Berliner Handſchrift 4/₁₀ heißt. Ambroſius hat: ut ibi logiter morereris.

S. 43/₂₂ wird folgende Periode angetroffen: Προσέχωμεν ἑαυτοῖς, ἵνα μὴ διπλῆν δίκην ἀπωτηθῶμεν ἐν τῇ ἡμέρᾳ τῆς κρίσεως. Ἀναχωρήσαντες μὲν τοῦ κόσμου, τὰ δὲ τοῦ κόσμου φρονοῦντες καὶ χρημάτων καταφρονήσαντες περὶ αὐτῶν μεριμνῶμεν· φυγόντες τὰ σαρκικὰ καὶ αὐτὰ διώκοντες. Die Participien ἀναχωρήσαντες u. ſ. w. gehören zum Vorhergehenden. Da man ſie unrichtig abtrennte, ſtellte ſich μεριμνῶμεν ein ſtatt μεριμνῶντες. Die Berliner Handſchrift 5/₂ hat das entſprechende φροντίζοντες.

S. 44/₂₈ heißt es: τίς γὰρ τὸ τέλος τῆς τῶν Ῥωμαίων βασιλείας δεῖ τὰ πάντα πληρωθῆναι. Das vom Sinn gewünſchte ταῦτα πάντα ſteht Matt. XIII, 4 und in der Berliner Handſchrift 5/₁₆.

S. 45/₂ wird geleſen: οὕτω καὶ ἡμεῖς, ἐὰν ἀμελήσωμεν ἐν τῷ καιρῷ τῆς μετανοίας, τοῦτο πεισόμεθα· πάροικοι γάρ ἐσμεν καὶ παρεπίδημοι. Im erſten Satz hat die Berliner Hand⸗ ſchrift 6/₉ richtig ἐν τῷ καιρῷ τούτῳ, beide. alten Ueberſetzun⸗ gen in hoc tempore. Im zweiten hat ſie πάροικοί ἐσμεν ἐνταῦθα καὶ παρεπίδημοι, Ambroſius überſetzt: sumus enim hic advenae et peregrini, Voß: advenae enim et peregrini hic sumus. Die beiden alten Ueberſetzungen haben in hac vita.

S. 45/₂₀ trifft man: οἱ οὖν τέλειοι καὶ σοφοὶ ἔμποροι ἕτοιμοι ἔχοντες τὴν ἐμπορίαν μετὰ χεῖρας, ἐκδέχονται πνεῦσαι αὐτοῖς τὸν ἄνεμον, ἵνα διαπεράσαντες φθάσωσιν εἰς τὸν τῆς ζωῆς λιμένα. Das ἕτοιμοι kommt von ἕτοιμον her, ſchon die Orforder Ausgabe hat als Bariante ἑτοίμην; und ſtatt μετὰ χεῖμας lies als zu ἐκδέχονται gehörig μετὰ χαρᾶς, was gleichfalls die Orforder Ausgabe als Bariante am Rande hat; auch Kohlius verbeſſerte es aus der ſlavoniſchen Ueberſetzung[1]). Die Berliner Handſchrift 7/₈ gibt richtig ἑτοίμην ἔχοντες τὴν αὐτῶν ἐμπορίαν ἐκδέχονται μετὰ χαρᾶς, πότε πνεύσει αὐτοῖς ὁ ἄνεμος. Die beiden alten Ueberſetzungen haben: iam praeparatum habentes quaestum mercimonii sui cum gaudio exspectant, quando ois ventus adspiret. Ambroſius: paratas habent merces suas sustinentque cum gaudio, Voß: paratas suas tenent merces exspectantque cum gaudio. Im letzten Satzgliede bringt die Berliner Handſchrift nicht überflüſſig ἵνα περάσαντες τὸ πέλαγος κ. τ. λ., beide alten Ueberſetzungen haben ut transfretantes hoc pelagus, die andern nt transmisso oder traiecto pelago.

S. 45/₂₆: ἐγὼ δὲ καὶ οἱ ὅμοιοί μου ἀδιαπορεῦντες καὶ μετεωριζόμενοι, μὴ δὲ ἐν τῇ διανοίᾳ αὐτῶν τιθέμενοι, τοῦτο περαιωθῆναι τὸ πέλαγος φοβοῦμαι, μὴ πνεύσῃ

---

1) Introductio in historiam et rem literariam Slavorum S. 237: „Teste Slavonica versione sic legendam est: οἱ οὖν τέλειοι καὶ σοφοὶ ἔμποροι ἕτοιμοι ἔχοντες τὴν ἐμπορίαν, μετὰ χαρῆς ἐκδέχονται κ. τ. λ."

αἰφνιδίως ὁ ἄνεμος paßt wenig zu einander. Die Berliner Handschrift 7/₄ hat: ἐγὼ δὲ καὶ οἱ ὁμοσί μην ὑδιαφορῶντες μετεωριζόμεϑα, μὴ φροντίζοντες — διὸ φοβοῦμαι. Beide alte Ueberſetzungen haben extollimur — Unde timeo [Diling. pertimesco], Ambroſius Quocirca timeo, Voß Quare metuo.

S. 46/₅ findet ſich ἐπίσταναϑε τὰ πάηχη ὁ τοιοῦτος. Die Berliner Handſchrift 7/₁₂ hat τί πάηχει.

S. 46/₄₇ lieſt man: τὸ γὰρ στόμα, μὴ φυλάσσων μυστήρια καρδίας, κλέπτει τὰς ἐνϑυμήσεις αὐτῆς, καὶ νομίζουσι ἔνδον εἶναι ἑαυτῆς, διὰ τοῦ στόματος πομπεύεται, καὶ ἡ δοκοῦσα μὴ ὀρᾶσϑαι. Im erſten Gliede hat die Berliner Handſchrift 8/₂ richtig φυλάσσον, im zweiten das neue Subjekt ἡ καρδία, im dritten zum Subjekt ὑπολαμβάνουσά τε μὴ ὀρᾶσϑαι das dort fehlende Prädikat διὰ τῶν λόγων φανεροῦται. Ambroſius überſetzt: et se non videri existimans verbis ostenditur; die beiden alten Ueberſetzungen haben: per sermones denotatur und per sermonis denudatur indicium, Voß: cumque se minime videri arbitratur, verbis proditur, was Affemani durch eum se minime videri arbitratur ſeinem Texte gleich zu machen ſuchte.

S. 46/₅₃ ſteht: ἑαυτὸν γὰρ ἀπατᾷ καὶ τὸν ἀδελφόν, οἱόμενος τῇ ἔξω πείϑειν εὐλαβείᾳ; es ſoll heißen: ἑαυτὸν γὰρ ἀπατᾷ, τὸν ἀδελφὸν οἰόμενος τῇ ἔξω πείϑειν εὐλαβείᾳ. Das unrichtige καὶ verbindet ἑαυτόν und ἀδελφόν miteinander und verdreht dadurch vollſtändig den Sinn. Die Berliner Handſchrift 8/₄ hat richtig: εἰ γὰρ προσδοκᾷ τις τὸν ἀδελφὸν πλανῆσαι τῇ φαινομένῃ ἔξωϑεν εὐλαβείᾳ, φρεναπατᾷ ἑαυτόν, die alten Ueberſetzungen: si enim putaverit quis fallere fratrem suum religionem simulans, se ipsum fallit ac decipit.

S. 47/₄₄ heißt es: ἡ γὰρ τῶν ϑείων γραφῶν νομοϑεσία δίδωσιν αὐτῷ σύνεσιν καὶ δύναμιν, ἀρετάς τε ἀγαϑὰς ἐκ τῶν οἰκείων κλάδων, ἵνα ἐγκεντρίσῃ τῷ τῆς φύσεως ξύλῳ. Die Berliner Handſchrift 9/₁₀ hat: καὶ ἀρετὰς ἀγαϑὰς παρέχει αὐτῷ ἐκ τῶν οἰκείων κλάδων, ὅπως ἐγκεντρίσῃ αὐτὰς ἐν τῷ ξύλῳ τῆς ἑαυτοῦ φύσεως. Ambroſius überſetzt: intelligentiam illi viresque administrat, ac virtutes bonas illi de suis sarculis praestat, ut eas naturae suae inserat ligno.

S. 48/₁₉ findet sich: ἐγκαταλιπὼν γὰρ τὸν νομοθέτην ἐγκαταλιμπάνεται ὑπ' αὐτοῦ. Die Berliner Handschrift 10/₈ fügt nach τὸν νομοθέτην richtig καὶ αὐτός hinzu; et ipse haben alle Uebersetzungen.

S. 48/₁₄ steht προπεσὼν τῷ νομοθέτῃ statt προσπεσών, schon die Noten der Oxforder Ausgabe bringen dies aus der andern Handschrift, die Berliner Handschrift hat richtig καὶ προσπέσῃ. Vgl. S. 54/₁₇.

S. 48/₁₆ wird gelesen: θέλει πάντας κληρονόμους ἡμᾶς τῆς αὐτοῦ βασιλείας γενέσθαι. Man pflegt doch πάντας ἡμᾶς zu verbinden; da sie hier durch das Prädikat getrennt sind, darf man vermuthen, daß ausfiel, was die zweite Oxforder Handschrift und die Berliner Handschrift 11/₁, so wie die lateinischen Uebersetzungen haben: θέλει πάντας ἡμᾶς σωθῆναι καὶ πάντας ἰαθῆναι καὶ πάντας κληρονόμους γενέσθαι τῆς ἑαυτοῦ βασιλείας.

S. 49/₆ trifft man: μακάριος ὁ γευσάμενος τῆς ἀγάπης αὐτοῦ καὶ πυρασκευάσας αὑτὸν ἀεὶ πεπληρῶσθαι· αὐτὸς γὰρ πληρωθεὶς τῆς τοιαύτης ἀγάπης ἑτέραν οὐκ ἐπιδέχεται ἀγάπην ἐν ἑαυτῷ. Nach πεπληρῶσθαι fehlt αὑτῆς, daraus wird sich das unrichtige αὑτός γὰρ gebildet haben statt ὁ γὰρ πληρωθείς κ. τ. λ. Beides steht richtig in der Berliner Handschrift 11₁₆. Die alte Uebersetzung in der Dillinger Ausgabe hat: praeparat semetipsum, ut charitate eius — repleatur. Qui autem repletus fuerit u. f. w., Ambrosius: aeque ipsum praeparavit ad eius charitatis plenitudinem suscipiendam. Nam qui illius charitate plenus est, Voß: Nam qui eiusmodi charitate repletus fuerit.

S. 49/₂₉ heißt es: ἐκ τῶν δεσμῶν τοῦ ἐχθροῦ ἔλυσεν ἡμᾶς καταδήσας ἐκεῖνον. Da οὐκ ἐδυνατώθη; οὐκ ἐτύπη; voraussgehen, muß es wohl οὐκ ἔλυσεν; heißen, wie auch die Berliner Handschrift 12/₆ hat und beide alten Uebersetzungen wiedergeben: nonne ex [Diling. a] vinculis inimici nos absolvit?

S. 49/₃₃ liest man: εἰ δὲ καὶ ἐβρώθητέ ποτε, ὑπὲρ τοῦ πλεονάσαι τὸν μισθὸν ἡμῶν, wozu wenigstens noch einmal ἐβρώθητε im Nachsatze gehörte: εἰ δὲ καὶ ἐβρώθητέ ποτε, ἐβρώθητε ὑπὲρ τοῦ πλεονάσαι τὸν μισθὸν ἡμῶν. Die

5

Wiederholung im Border- und Nachsatze verursachte wohl den
Ausfall. Die Berliner Handschrift 12/₉ hat: εἰ δὲ καὶ ἐβρά-
δυνεν ἐπὶ τῷ ἀπῖσαι ἡμῶν, οὐ θαυμαστόν· ἐπὶ τῷ πληθῆ-
ναι γὰρ τὸν μισθὸν ἡμῶν παρέτεινε τὴν βραδύτητα. Boß über-
sesßt: ideo moram fecit, Ambrosius: idcirco extendit moras.

S. 50/₂ steht: μὴ ἀγνοήσῃς, ὅτι οἱ λόγοι σου καὶ οἱ
λογισμοί σου οὐκ εἰσιν ἀνάγραπτοι (so auch in der Oxforder
Ausgabe). Lies οὐκ εἰσιν ἄγραπτοι, oder εἰσὶν ἀνάγραπτοι ohne die Negation. Die Berliner Handschrift 12/₁,
hat γεγραμμένοι εἰσί, die beiden alten Uebersetzungen scripti,
Ambrosius und Boß conscripti.

Die folgenden Worte S. 50/₃: καὶ ἡ συνείδησις δέ σου
ἢ συνεργός· ὅτι ἐὰν ψεύδῃ οὐκ ἐλέγξη σε sind ohne Sinn;
es müßte wenigstens heißen ὅτι ἐὰν ψεύδῃ ἐλέγχει σε. Die
Berliner Handschrift hat 12/₁₃: καὶ ἡ συνείδησίς σου ἡ συνεργός ἐλέγχει σε, ἐὰν ψεύσῃ, was die beiden alten Uebersetzungen
wiedergeben: et conscientia tua, quae tecum operata est, arguit
te, si mentiri volueris. Ambrosius läßt das unbequeme συνεργός
fallen, er hat: et si mentiri volueris, arguet te conscientia
tua. Boß übersetzt im Texte adiutrix ac socia und fragt am
Rande, ob συνεργός hier testis bedeute. Vielleicht beruht die Ver-
legenheit der Uebersetzer auf einem Originalworte, welches den Sinn
gab: καὶ ἡ συνείδησίς σού ἐστι συνεργός ἐλέγχειν σε ἐὰν ψεύσῃ.

S. 50/₄ liest man in den Ausgaben: βλέπε μὴ πολλὴν
δίκην ἀπορίσῃς ὑπὲρ τῶν πονηρῶν σου πράξεων καὶ ὑπὲρ
τοῦ ψεύδους. Es ist verschrieben statt μὴ διπλῆν δίκην
ἀπορίσῃς, wie die Berliner Handschrift 13/₂ richtig hat. Vgl. S.
43/₄₄. Die beiden alten Uebersetzungen haben: ne duplicem ul-
tionem persolvas [Dillng. exsolvas], Ambrosius: ne duplicem
exsolvas poenam, Boß: ne duplicem luas poenam, was hier
auch in der Römischen Ausgabe steht.

S. 50/₁₀ steht in den Ausgaben: καταμάθετε τὰ τῆς
χθὲς ἡμέρας. Zwischen νήψον, ἐλθέ, σύτες und ἐπισκόπησον
muß es καταμάθετε heißen, wie die Berliner Handschrift 13/₇ hat.
S. 50/₃₀ lies statt τί παροξύνῃ ἐν ἑαυτῷ mit der Berliner Handschrift 13/₁₁ ἐν σεαυτῷ.

Die Worte, welche S. 51/₃₁ nach einer Bibelstelle folgen: ἱκανὸς δὲ οὕτης ὁ λόγος, ἐὰν νήψῃ ἡμῶν ἡ διάνοια, sind doch wohl unvollständig, es fehlt wenigstens ein καὶ μόνος. Die Oxforder Ausgabe bringt aus der zweiten Handschrift als Variante ἱκανὸς δὲ ἡμῖν εἰς φόβον καὶ μόνος οὗτος ὁ λόγος. Die Berliner Handschrift 14/₁₇ hat ἱκανὸς δὲ οὕτος ὁ λόγος ἡμῖν πρὸς κατάπληξιν καὶ μόνος. Ganz so die beiden alten Uebersetzungen: sufficeret [Diling. sufficiat] autem nobis ad metum solus hic sermo, Voß: sufficeret autem nobis ad incutiendum terrorem vel solus hic sermo, was dann Affemani in sufficeret autem hic sermo verfürzt hat.

S. 61/₁₁ fügt zu ἡ θύρα ἀνέῳκται, οἱ ὑπηρέται σπουδάζουσι die Berliner Handschrift 15₆ hinzu: οἱ κήρυκες καλοῦσι, die Uebersetzer: praedicatores convocant.

S. 62/₄ heißt es von den hh. Schriften: διὰ τὸ μὴ βούλεσθαι ἡμᾶς τὰ παρ' αὐτῶν ἐπιτελεῖν. Die Berliner Handschrift 15/₁₁ hat richtig τὰ παρ' αὐτῶν λεγόμενα.

S. 52/₄ trifft man: τὰ κακὰ πράττοντες (besser die Berliner Handschrift und auch Affemani III, 361 πράξαντες) τύπτουσι τὰ στήθη αὐτῶν κείμενα ἐπὶ τῆς κοίτης statt κείμενοι, wie die Berliner Handschrift 15/₂₀ und Affemani III, 361 haben. Die beiden alten Uebersetzer bringen: iacentes super lectum percutiunt pectora sua, Ambrosius: in cubili suo positi ferient pectora sua, Voß: in cubili suo iacentes percutient pectora sua.

S. 62/₂₂ wird vom Weltgericht ausgesagt: οὕτω καὶ ἐν τῇ ὥρᾳ ἐκείνῃ ὡς ἀστραπὴ ὀξυτάτη αἰφνιδίως ἐθρόησε πᾶσαν τὴν γῆν, statt des Futurums ἐκθροήσει, wie in der Berliner Handschrift 16/₄ richtig steht. Ambrosius und Voß haben exterrebit, auch Affemani III, 361 θροήσει.

S. 52/₂₅ ist οὗτοι γὰρ οἱ οὐρανοὶ μετὰ τῶν δυνάμεων αὐτῶν σαλευθήσονται, καὶ ἡ γῆ πᾶσα — τρομάσει verschrieben. Affemani III, 361 hat οἵτε γὰρ οἱ οὐρανοί, die Berliner Handschrift 16/₅ richtig οἵτε γὰρ οὐρανοί.

S. 62/₂₇ ist von dem Weltgericht gesagt: θαῦμα γὰρ ἦν ἰδεῖν ἀληθῶς. Die Berliner Handschrift 16/₅ hat richtig: θαῦμα γὰρ ἰδεῖν ἀληθῶς, Affemani III, 361: θαῦμα γάρ ἐστι — ἰδεῖν.

S. 53/₁ vermißt man zu den Worten οἱ μάρτυρες στεφα-
νοῦνται, ἀπόστολοι καὶ προφῆται das zweite Zeitwort; in der
Berliner Handschrift 16/₁₆ steht vollständig: οἱ ἀπόστολοι καὶ προφῆται δοξασθήσονται. Die beiden alten Uebersetzungen
haben: apostoli ac prophetae glorificabuntur; Ambrosius, die
Heiligen ehrend: ineffabili gloria et luce chorusabunt, gleich-
wie er vorher die Märtyrer bedachte mit: constantiae suae pas-
sionumque coronas laeti orantesque percipient. Voß übersetzt:
gloria et honore decorabuntur, Affemani entfernte das decorabuntur.

S. 53/₁₄ heißt es: πλείονα δὲ θαυμάτως δοξάσει [ὁ
πρῶτος Ἀδὰμ] τὸν δημιουργὸν θεόν, πῶς ἀπὸ μιᾶς φύσεως
καὶ ἑνὸς γενόμενος κτήματος, καὶ ἐν τῇ βασιλείᾳ ἀπ' αὐτῶν,
καὶ ἐν τῷ παραδείσῳ, καὶ ἐν τῷ ᾅδῃ κατεκληρώθησαν. Hier
ist γενόμενος auf den Vorschlag des Oxforder Herausgebers gegeben, der im Texte γενόμενον hat. Die Berliner Handschrift 17/₂ bringt das richtige γενόμενοι. So auch Affemani III, 361. Die Uebersetzer haben exorti oder procreati.

S. 53/₂₀ wird gelesen: τί ποιήσω τῇ αἰσχύνῃ τῆς
ὥρας ἐκείνης, ὅταν παραπτῶπι συλλόθεν οἱ γνωστοί μου οἱ
θεωροῦντές με ἐν τῷ σχήματι τούτῳ τῆς εὐλαβείας καὶ ἐμακάριζόν με. Die Berliner Handschrift 17₁ hat τὴν αἰσχύνην, Ambrosius übersetzt quomodo feram confusionem, man
könnte an πῶς οἴσω τὴν αἰσχύνην denken. Jedenfalls ist in
dem Oxforder-Römischen Texte das καὶ vor ἐμακάριζον zu viel,
entweder muß es heißen οἳ ἐθεώρουν με καὶ ἐμακάριζόν oder
οἳ θεωροῦντές με ἐμακάριζον.

S. 58/₄₆ findet sich: σπουδάσατε εὐαρεστῆσαι τῷ θεῷ, ὡς
καιρός ἐστι, statt ἕως.

S. 64/₉ trifft man ἔνθα οὐκ ἔστι διαφθορά. Die ganze
Stelle ist rhetorisch mit zwei Gliedern ausgestattet: φόβος καὶ
τρόμος, ἀντατέμνος καὶ πολεμῶν, παροξυσμὸς καὶ ὀργή, μῖσος
καὶ ἔχθρα. Daher ist hier wohl ausgefallen, was die Berliner
Handschrift 18/₄ mehr hat: θάνατος καὶ διαφθορά. Auch
alle Uebersetzer haben mors et corruptio.

S. 64/₂₆ steht: ἵνα ῥίψητι τὰ ψιχία τῶν τραπεζῶν

ὑμῶν καὶ πληρωθῇ ἐπ' ἐμὲ τὸ γεγραμμένον, ὅτι καὶ τὰ κυνάρια
ἐσθίει ἀπὸ τῆς τραπέζης τῶν πιπτόντων ψιχίων. Im erſten
Gliede fehlt wenigſtens ein μοί, die Berliner Handſchrift 18/₁₀
hat ἐπ' ἐμί, die beiden alten Ueberſetzer super me. Im zweiten
Satzgliede hat die Berliner Handſchrift ἐν ἐμοί, die Ueberſetzer
in me. Der Schluß der Stelle iſt in dem Oxforder-Römiſchen
Texte ſonderbar geſtaltet. Die Bibelſtelle lautet Matth. XV, 27:
καὶ γὰρ τὰ κυνάρια ἐσθίει ἀπὸ τῶν ψιχίων τῶν πιπτόντων
ἀπὸ τῆς τραπέζης τῶν κυρίων αὐτῶν. Aus ihr hätte man etwa
nehmen können: ὅτι καὶ τὰ κυνάρια ἐσθίει τῶν ἀπὸ τῆς τραπέζης πιπτόντων ψιχίων. Die Berliner Handſchrift 18/₁₀ hat:
ὅτι καὶ τὰ κυνάρια ἐσθίει ἀπὸ τῆς τραπέζης τῶν κυρίων
αὐτῶν, womit Ambroſius übereinſtimmt, wenn er überſetzt: quia
et catelli comedant de mensa dominorum suorum.

S. 54/₄₀ iſt ἀκριβῶς κατανόησον, ἕως ἐμπορεύῃ verſchrieben ſtatt πῶς, wie die Berliner Handſchrift 28/₁ hat. Die
lateiniſchen Ueberſetzer haben ut, qualiter, quo pacto.

S. 55/₄ findet ſich: ἐὰν ἐζημιώθης (die Berliner Handſchrift ζημιωθῇς) εἰς ταῦτα, σπούδασον αὐτὰ περὶ ἧσαι. Es
müßte entweder τὰ αὐτὰ heißen oder πάλιν, wie die Berliner
Handſchrift 28/₅ hat.

S. 65/₄₀ heißt es: ἐκ τῶν θείων γραφῶν συνάγαγέ σου
πλοῦτον καὶ θησαυρὸν ἀσύλητον, πρόπεμψόν τι εἰς τὸν οὐρανόν. Im erſtern Gliede muß entweder σοί ſtehen oder σεαυτῷ, wie die
Berliner Handſchrift 29/₅ hat; im andern Gliede gehört zu πρό-
πεμψον ein αὐτόν, die Berliner Handſchrift hat τοῦτον, Ambroſius überſetzt: divitias tibi thesauros que inviolabiles collige
illosque in coelum praemittere satage, ebenſo Boß.

S. 56/₅ trifft man: ἐὰν δὲ σὺ διὰ τὴν σὴν χαυνότητα
καὶ ῥαθυμίαν τὴν θλῖψιν τοῦ αἰῶνος τούτου ποθεῖς
φυγεῖν καὶ τὴν ὑπομονήν, ἡδονὴν δὲ σαρκικὴν ἐπιθυμεῖς. Schon das nachhinkende καὶ τὴν ὑπομονήν zeigt, daß
die Stelle verſchrieben iſt. Die eine der Oxforder Handſchriften
hat ποθήσας φυγεῖν, die andere ποθεῖς φυγεῖν.
Erſteres hat der Oxforder Herausgeber, letzteres Aſſemani in den
Text aufgenommen. Das Richtige gibt die Berliner Handſchrift

19/₈ : ἐὰν δὲ σὺ διὰ τὴν χαυνότητα καὶ ῥαθυμίαν τὴν θλῖψιν τοῦ αἰῶνος τούτου μισήσας φύγῃς μὲν τὴν ὑπομονήν, ἡδονῆς τε (lies δὲ) σαρκικῆς ἐπιθυμήσῃς (auch der Oxforder Text hat dieses ἐπιθυμήσῃς). Die alte Ueberſetzung in der Dillinger Ausgabe hat: odio babens devitas quidem patientiam, ähnlich die andern Ueberſetzer.

S. 56/₁₀ heißt es: τί τὸν ζυγὸν τοῦ Χριστοῦ τὸν καλὸν καὶ χρηστὸν διὰ τὴν σὴν χαυνότητα κακολογεῖς, ὅτι σκληρὸς καὶ βαρύς ἐστι; καὶ μὴ δυνάμενος βασταχθῆναι σεαυτὸν ἐκδιδῷς εἰς ἀπώλειαν, καὶ τίς σε ἐλεήσει; Auch dieſe ſinnentſtellende Interpunktion hat Aſſemani der Oxforder Ausgabe nachgedrudt. Die Berliner Handſchrift 19/₁₀ hat richtig das Fragezeichen ſtatt nach ἐστι nach βασταχθῆναι. Aehnlich iſt S. 56/₁₈: λαβὼν γὰρ τὰ ὅπλα τοῦ Χριστοῦ, θέον σε τὸν ἐχθρὸν πολεμῆσαι· σὺ δὲ κατὰ τῆς σεαυτοῦ καρδίας ἐπῆξας τὸ ξίφος durch die dem σὺ δὲ, welches den Vorderſatz aufnimmt, vorausgeſchidte Interpunktion der Sinn verdunkelt. Noch ſinnentſtellender iſt die Interpunktion S. 56/₂₇: ὕπαγε ἄθλιε, τίς σε ἐζήλωσε, τίς σοι ἐφθόνησεν ὁ ἀντίδικος καὶ μισόκαλος; in beiden Ausgaben. Es ſoll heißen: τίς σοι ἐφθόνησεν; Antwort: ὁ ἀντίδικος καὶ μισόκαλος. So hat die Berliner Handſchrift 20/₅, mit ihr alle Ueberſetzungen.

S. 57/₂₀ ſteht zwiſchen ἐλεύσεται und ἐρεῖς das Präſens καὶ γνωρίζεις Die Berliner Handſchrift 21/₅ hat richtig γνωριεῖς, die Ueberſetzungen agnoscen oder dignosces.

S 57/₂₂ heißt es: πῶς ἐστερήθην ἀπὸ τῆς τοιαύτης δόξης τῶν ἐμῶν ἀδελφῶν, καὶ νῦν ἐχωρίσθην ἀπ᾽ αὐτῶν; Hier iſt in der Römiſchen Ausgabe ausgefallen, was in der Berliner Handſchrift 21/₄ und im Oxforder Text ſteht: πῶς ἐστερήθην ἀπὸ τῆς τοιαύτης δόξης καὶ ἐχωρίσθην ἀπὸ τῶν ἑταίρων μου; (der Oxforder Text ἐστερήθην τῶν ἑταίρων μου;) τὸν πάντα χρόνον τῆς ζωῆς μου μετ᾽ αὐτῶν ἤμην, καὶ νῦν ἐχωρίσθην ἀπ᾽ αὐτῶν. Die Voſſiſche Ueberſetzung iſt in der Römiſchen Ausgabe vollſtändig: quomodo tanta fratrum meorum claritate ac gloria privatus sum, et a contubernalibus sociisque meis separatus? To-

tum vitae meae tempus cum illis transegi: at nunc
ab eis segregatus sum.

S. 69/₅ lieſt man: ὁμοίως καὶ σκώρος ἐν τῷ πελάγει
ὑπὲρ τὸ σήκωμα ἐὰν φορτοῦται (die Berliner Handſchrift
ἐὰν φορτώθη), ὑπὸ τῶν κυμάτων βαπτίζεται καὶ καταπον-
τοῦται καὶ κουφοῦται· ἄνευ φόρτου ἐὰν πλέῃ, καὶ ὑπὸ
τῶν ἀνέμων τάχιον καταστρέφεται. Das ſinnloſe καὶ κουφοῦ-
ται iſt verſchrieben für καὶ κοῦφον δὲ, welches zum folgenden
Satze gehört, wie in der Berliner Handſchrift 23/₆ richtig ſteht.
Ambroſius überſetzt: quatitur atque demergitur; sin vero
levis ac sine onere navigel. Boß hat: concutitur atque
submergitur; at si levis et sine onere navigel, was auch
bei Aſſemani neben dem Fehler des Textes ſteht. Die beiden alten
Ueberſetzungen haben: et si rursum leviata et abaque onere
fuerit und et rursum si levis et abaque onere navigaverit.
S. 69/₇ heißt es: ὁμοίως ἥ τε ψυχὴ καὶ τὸ σῶμα,
ἐὰν αὐτὰ ὑπὲρ τὸ μέτρον βαρηθῶσι, περιπίπτουσι. Hier
ſind vor περιπίπτουσι die Worte ταῖς προρρηθείσι ausgefallen, welche wir die Berliner Handſchrift 23/₉, ſo auch die Oxforder Ausgabe hat. Boß überſetzt: in ea, quae ante dixi-
mus, incidunt.
S. 69/₈ trifft man: διὰ τοῦτο καλόν ἐστι τοῦ ἄρξασθαι καὶ ἐπιτελέσαι καὶ τῷ θεῷ εὐαρεστῆσαι, σεαυτῷ δὲ
τῷ πλησίον σου χρησιμεῦσαι. Soll heißen τὸ ἄρξασθαι
und ἑαυτῷ δὲ καὶ τῷ πλησίον. Beides iſt richtig in
der Berliner Handſchrift 23/₁₀.
Unlesbar iſt S. 69/₁₁: ἔοικεν ὁ μοναχὸς στρατιώτῃ ἰόντι
εἰς πόλεμον καὶ φράσσοντι αὑτοῦ τὸ σῶμα τῇ παντευχίᾳ
πάντοθεν· νήφων ἕως τῆς νίκης καὶ ἀγωνιῶν· μὴ ἄφνω
ἐπιρρίψη αὑτῷ ὁ πόλεμος, καὶ ἀφύλακτος εὑρεθεὶς ληφθῇ
ὑπ' αὑτοῦ. Abgeſehen von den in der Luft ſchwebenden Partizipien
νήφων καὶ ἀγωνιῶν, die wir bereits früher erwähnten, iſt μή
ἄφνω ἐπιρρίψη αὑτῷ ὁ πόλεμος — man würde wenigſtens
ἐπιρρῖφθῇ erwarten dürfen — etwa Schreibfehler für ὁ πολ-
μιος. Die Berliner Handſchrift 24/₃ hat μήποτε ἄφνω ἐπιρρίψη αὑτῷ πόλεμον ὁ ὑπεναντίος, Boß überſetzt: ne

forte, dum parum sibi cavet, adversarius repente in eum
irruat, auch die andern Ueberſeßer haben adversarius.

S. 60/₃ ſteht ὁμοίως καὶ ἡ χάρις, ὅπου δ' ἄν εὕρῃ
ἀνάπτωσιν κ. τ. λ. Das δὲ nach ὅπου fehlt richtig in der
Berliner Handſchrift 24/₁₆.

S. 60/₂₀ iſt in den Worten: ἀλλ' ἴπως ἐρεῖς μοι ἐρυθριᾶν
τε τὸν ῥύπον τοῦ προσώπου; das ſinnloſe τε der Oxforder
Ausgabe nachgedruckt, wo im Text ἐρυθριᾶν τε τὸν ῥύπον, am
Rande ἴπως τὸ ῥύπον, in den Noten aber die Variante ἐρυθριᾶν σε τὸν ῥύπον ſteht. Die Berliner Handſchrift 26/₆ hat:
ὅτι ἐντροπή μοι πρόσεστι διὰ τὸν ῥύπον.

S. 61/₁₂ lieſt man: ἔπικεν δὲ πάλιν πολυτίμοις ἐδέσμασιν
ἡρτημένοις ἐν πᾶσιν ἐκλεκτοῖς ἀρώμασιν. Die Berliner
Handſchrift 27₁ hat ἠρτυμένοις ἀπὸ πάντων τῶν ἐκλεκ-
τῶν ἀρτυμάτων.

S. 61/₂₀ findet ſich: ὁμοία πάλιν ἐστὶν (nämlich die τελεία
ἀρετή) τῷ τελείῳ καὶ καλῷ σώματι τοῦ ἀλφαβήτου τελειου-
μένῳ καὶ περιεκοπημένῳ ἐν τοῖς οἰκείοις γράμμασιν. Aus
den lateiniſchen Ueberſetzungen ſieht man, daß hier zwei verſchiedene
Bilder ohne Fug und Recht zuſammengeſchweißt ſind: das eine
vom ſchönen Körper, dem die Vollkommenheit gebricht, wenn nur
ein Glied fehlerhaft iſt, und das andere vom Alphabet, an dem
kein Buchſtabe mangeln darf. Die ſich mit gleichen Worten wiederholende Anwendung auf die Tugend, ſo ſcheint es, verurſachte
den Ausfall des erſten Bildes, und der Körper verband ſich mit
dem Alphabet zu τῷ σώματι τοῦ ἀλφαβήτου. Ambroſius überſetzt:
Similis rursum est perfecto sermosoque corpori,
cui si membrum aliquod illustre tollatur, inutile
prorsus deformeque videtur. Ita et huic virtuti
animae si quaelibet ex ceteris desit, plena per-
fectaque non erit. Alphabeto item renasie suis in-
signito litteris ista similis est u. ſ. w. Daſſelbe mit etlichen
andern Worten ließ man bei Voß. Die beiden alten Ueberſetzungen kennen das Bild vom Körper gar nicht, aber auch nicht das
Wort σώματι, ſondern überſetzen den Text der Berliner Handſchrift
27/₂: ὁμοία σὺν πάλιν ἐστὶ τῷ τελείῳ καὶ καλῶς τελεσυμένῳ

ἀλφαβήτῳ ἐν ταῖς οἰκίαις γράμμασιν κ. τ. λ. Hier ſchließt unſer
Fragment. Auf der Gränze hat die Oxford-Römiſche Ausgabe
gleich wieder einen für den edirten Text charakteriſtiſchen Satz:
Τίς ὁ μὴ ἔχων δάκρυα ἐλθέτω καὶ κλαυσάτω, wo τίς entweder
ungeſchickt an die Spitze geſtellt, oder für πᾶς verſchrieben iſt.

Mich dünkt, die Reihe der Fehler in dem Oxforder-Römiſchen Texte iſt ſtattlich, obwohl ich nur diejenigen zuſammengeſtellt
habe, welche ſich am kürzeſten nachweiſen ließen. Nicht wenige,
wie wir ſanden, werden durch die Berliner Handſchrift berichtigt.
Iſt das alles Herrn J. Gildemeiſter verborgen geblieben? Er
iſt Philologe von Fach, hat er das nicht geſehen, oder hat er es
nicht ſehen wollen? Da er überhaupt ſo wenig ſah, möchte man
die Frage dahin beantworten: Vieles hat er wirklich nicht geſehen; von dem aber, was er ſah, hat er vorgezogen nichts zu
ſagen. Es kam ihm nur darauf an, die Publikation des Textes
aus der Berliner Handſchrift und den Herausgeber anzuſchwärzen.
Was dazu diente oder zu dienen ſchien, war willkommen; was
ſich dazu nicht eignete, verſchwieg er. Wir kennen bereits die un-
übertroffene Art, in welcher J. Gildemeiſter die Tugend der
Schweigſamkeit übt. Die Verſchiedenheit der beiden Texte, die
ſich vor unſern Blicken zu zwei verſchiedenen Ueberſetzungen ent-
faltete, war ein erſtes angefälliges Beiſpiel. Die Fehlerhaftigkeit des Römiſchen Textes iſt ein zweites. Ein drittes nicht
weniger charakteriſtiſches Beiſpiel will ich gleich hier hinzufügen.
Es wird mir vorgeworfen, die Fehler des Berliner Textes nicht
verbeſſert zu haben, und der Leſer erfährt nichts davon, daß doch
eine ziemliche Anzahl Schreibfehler des Berliner Textes in meiner
Publikation wirklich berichtigt wurde. Ich änderte z. B. Progr.
S. 1/7 εἰ und ἢ in ἐστί, S. 2/6 αἰσθητός und αἰσθήσεως
in ἰσθῆτος, S. 6/18 καταφρόνησαν in καταφρονήσαντες,
S. 9/14 ἡ μὲν γὰρ τῆς ἐργασίας ἡμῶν ἐστιν ἡ φύσις in
ἡ μὲν γὰρ γῆ κ. τ. λ., S. 16/4 ἐδυσεν in ἐδῃσιν, S. 16/1
εἴτε in ἤ, S. 18/1 διατορᾶ in διαφθορά, S. 20/5 τί in
τίς, S. 20/6 ὑμνεῖν und δοξολογεῖν in ὑμνεῖ καὶ δοξολογεῖ,
S. 21/5 u. 7 ἑτέρων in ἑταίρων, S. 22/11 συνέθηκις in
συνθίσης, S. 22/11 κρυμνῶν καὶ τραχιῶν in κρημνῶν καὶ

τραχέων, S. 23/₆ καταβάλλοντες in καταβαλόντες, S. 26/₁ δόξας in δόξης, S. 28/₁₀ ταῦτα in ταῖτά, S. 28/₁₇ ταύ-της in ἑαντῆς u ſ. w. Weber von dieſen Berichtigungen ſelbſt, noch daß dieſelben alle nachträglich durch den edirten Text einfach beſtätigt werden, durfte der Leſer erfahren. Auch in Fällen, wo der edirte Text meine Aenderungen nicht bietet, bewahren ſie ſich dennoch, wie S. 17/₁₈ ἕως ſtatt ὡς oder S. 17/₁₃, wo die Berliner Handſchrift bringt: ἀλλὰ δός μοι διὰ τὴν πολλήν σου εὐσπλαγχνίαν κλαυθμὸν διηνεκῆ καὶ κατάνυξιν, καὶ ταπείνωσιν τὴν καρδίαν μου καὶ ἅγνισον αὐτήν κ. τ. λ., woſür ich ταπείνωσον τὴν καρδίαν ſchrieb. Zwar hat hier die Oxforder-Römiſche Ausgabe 63/₆₃ καὶ ταπείνωσιν τῇ καρδίᾳ, was grammatiſch ſtatthaft, aber rhetoriſch nach δός μοι und ſeinen Objekten nicht glaublich iſt. Sämmtliche lateini-ſche Ueberſetzungen von den älteſten an bis Boß geben: et humilia cor meum, d. i. καὶ ταπείνωσον τὴν καρδίαν μου, wie ich verbeſſerte. Daß ich gleich alle Unrichtigkeiten bis zu der letzten hin hätte berichtigen ſollen, eine ſolche Forderung wäre, namentlich bei einer in ſprachlicher und ſtiliſtiſcher Hinſicht ſo unzuverläſſigen Schrift, wohl ſelbſt dem Philologen vom Fache gegenüber zu ſtrenge. Jedenfalls darf man wohl fragen: warum brachte derjenige, welcher die Forderung geſtellt hat, nicht ſelber die Berichtigung der Fehler, die ich übrig ließ? Ich finde nur eine einzige Stelle, an welcher er ſelbſt eine Berichtigung des Berliner Textes verſucht hat, und zwar auch hier mit Hülfe der ihm vorlie-genden Lesart des römiſchen Textes. Sie lautet S. 2/₃: ἐάν τις φονεὺς ἐν ὁδῷ περιτύχει, φόβῳ ἀλλοιοῦται τὸ πρόσωπον, καὶ τῇ καρδίᾳ πτοεῖται· ἡμεῖς δὲ τοὺς φονευθέντας ἀποστόλους καὶ λιθοβοληθέντας προφήτας ἀναγινώσκοντες γελῶμεν; Statt φονεὺς vermuthet er φόνος, ohne dem Leſer dabei mit-zutheilen, daß in dem ihm vorliegenden Römiſchen Texte ſteht: ἐάν τις ἐν ὁδῷ ἄγνω περιτύχῃ φόνῳ, ἀλλοιοῦται τὸ πρόσ-ωπον. Wir fanden, daß in den beiden Texten verſchiedene Ueberſetzungen vorliegen; Uebereinſtimmung der Worte und Buch-ſtaben iſt alſo nicht maßgebend; iſt hier doch auch die Stellung der Wörter auf beiden Seiten eine andere. Den Ausdruck φόνοις

mag man eher dem Ueberſetzer in dem Oxforder-Römiſchen Texte
zutrauen, bei dem Texte der Berliner Handſchrift möchte φονεῖς
Ueberbleibſel von φονευϑεῖσι ſein, entſprechend dem folgenden
φονευϑέντας. Doch noch an einer andern Stelle bringt der
Verfaſſer der Flugſchrift im Vorübergehen eine Verbeſſerung:
S. 16/₁₁ wo es von τὰ ὁπτὰ heißt: περιτρέχει ζητοῦν τὰς
ἑαυτῶν ἁρμονίας. Wenn er hier ſtatt ζητοῦν ein ζητοῦντα
(genommen aus Aſſem. II, 251/₈₁) fordert, ſo übergeht er freilich
das in beiden Texten zwiſchen den von ihm angeführten Worten
befindliche ἕκαστον αὐτῶν, worauf ζητοῦν beruht. Auch Aſſem.
III, 361 ſteht τὰ ὁπτὰ — ἕκαστον περιτρέχον.

Das iſt nun freilich ein magerer Ertrag für die kritiſchen
Studien eines halben Jahres gegenüber ſo großen Forderungen
und den daraus hergeleiteten Vorwürfen.

Ungleich leichter natürlich war das Geſchäft für Herrn J.
Gildemeiſter in den Stellen, wo die Vergleichung der beiden Texte
ihm das Richtige vor die Augen legte. Und dennoch zeigt er ſich
ſelbſt hier über die Maßen kurzſichtig. Er glaubt ein langes
Verzeichniß von Fehlern der Berliner Handſchrift aufzuführen,
ſo daß er am Schluß der Flugſchrift S. 15 bemerkt: „Vielleicht ſind es der Beiſpiele ſchon zu viele, aber ſie zu häufen
durften wir uns nicht verdrießen laſſen;" wie winzig aber iſt
daſſelbe im Vergleich mit der Menge von Fehlern, die wir in
der Oxforder-Römiſchen Ausgabe nachgewieſen haben. Was aber
die Liſte ſelbſt betrifft, ſo bringt ſie erſtlich die Hauptſchreibfehler
der Berliner Handſchrift gar nicht. Wir erfahren nicht, daß
in der Handſchrift Progr. S. 10/₈ ἀληϑείᾳ ſteht ſtatt ἀλοξίᾳ
— vielleicht ſtammt ἀληϑείᾳ vom ſinnverwandten εὐτελείᾳ —
S. 15/₈ καταγελάσει ſtatt κατακλαγῇ, S. 28/₁₈ ἀμελείας ſtatt
ἀπωλείας, S. 14/₁₂ λογισμοί ſtatt χρόνοι, S. 16/₄ χειμῶνος
ſtatt χιτῶνος, S. 15/₁₈ ἀμελεῖν ſtatt ἀνελεῖν, S. 21/₂ ἀπελ-
ϑών ſtatt ἐπανελϑών, S. 22/₁₁ ἐγκαταλειψίας ſtatt ἐγκατα-
λείψασα, S. 7/₂ ὄντες ſtatt ὄντως, daß S. 12/₈ der Vorderſatz
ἐπεκαλεσάμεϑά ποτε fehlt u. ſ. w. Dagegen wird theils Unrich-
tiges, theils eine Reihe von Kleinigkeiten aufgezählt.

So ſoll nach Angabe der Flugſchrift S. 14 in dem Satze

S. 2/₁: εἰς ἐγκράτειαν ἐκλήθημεν, καὶ φιλοκαλίαν βρωμάτων ζητοῦμεν· εἰς γύμνασιν, καὶ περὶ ἐσθῆτος φιλονεικοῦμεν· εἰς ὑποταγὴν ἐκλήθημεν, καὶ πάντες ἀντιλέγομεν· εἰς πραότητα καὶ πάντες ἀγριούμεν im zweiten Gliede nach εἰς γύμνωσιν ein Verbum „unentbehrlich" sein. Etwa weil im Orforder‑Römischen Terte 41/₂₂ dieses zweite Glied καὶ εἰς γυμνότητα ἤκαμεν, καὶ περὶ ἐσθῆτος φιλονεικοῦμεν lautet? Es fehlt nichts in dem Terte der Berliner Handschrift, vielmehr iſt grade in ihm noch deutlich die Rhetorik des Originals ausgeprägt. Von zweimal zwei ähnlich gebauten Gliedern je das erſte mit, und je das zweite ohne Zeitwort iſt eine durchaus regelmäßige rhetoriſche Form, welche in dem Römiſchen Terte, und zwar hier auch noch durch das καὶ vor εἰς γύμνωσιν, verdorben iſt.

Unrichtig iſt auch das Urtheil Flugſchrift a. a. O. über die Stelle S. 3/₁₀, die in der Orforder‑Römiſchen Ausgabe alſo lautet: μέχρι γὰρ τεσσαράκοντα ἢ πεντήκοντα τὸν ἑαυτὸν οὐκ ἤλλαξαν κανόνα [aber dieſe fehlerhaften Worte handelten wir ſchon oben S. 29] · τοῦτ' ἐστιν ἐγκράτειαν καλὴν καὶ ἀνεπίληπτον· βρωμάτων τε καὶ γλώσσης κρατήσαντες· χαμαικοιτίαν τε καὶ ταπεινοφροσύνην· πραότητα καὶ πίστιν καὶ ἀγάπην, τὴν θέσιν τῆς τελείας καὶ πνευματικῆς οἰκοδομῆς· προσεπὶ τούτοις τὴν ἀκτημοσύνην, καὶ τὴν ἀπὸ παντὸς γηΐνου πράγματος ἡσυχίαν, καὶ βίον σεμνόν, ἀγρυπνίαν τε καὶ εὐχήν, μετὰ ἐλευθεροῖ καὶ κατανύξεως. In der Berliner Handſchrift lieſt man μέχρι γὰρ βρωμάτων τε καὶ γλώσσης καὶ θεωρίας χαμαικοιτίαν καὶ ταπεινοφροσύνην u. ſ. w. Richtig wird in der Flugſchrift bemerkt, daß μέχρι γὰρ eine nicht gelöſchte Wiederholung aus dem vorhergehenden Satze iſt. Irrig dagegen iſt, was beigefügt wird: „Die römiſche Ausgabe hat richtig βρωμάτων τε καὶ γλώσσης κρατήσαντες; das in beiden Terten fehlende Wort vor χαμαικοιτίαν bietet die alte lateiniſche Ueberſetzung: sectantes vero." Hier hätte A. Gildemeiſter billig mich beloben dürfen; ich hatte den Sinn des sectantes vero, ohne die alte lateiniſche Ueberſetzung zu kennen, hinzugefügt durch die in den Tert aufgenommene Conjektur ἐπετέλεσαν. Dieſe Conjektur laſſe ich jetzt als unnöthig fallen, grade nachdem ich

die verschiedenen Ueberſetzungen kennen lernte. Der Schriftſteller
hat nach τὸν αὐτὸν οὐκ ἤλλαξαν κανόνα und bei Erklärung
τοῦτ' ἐστιν ἐγκράτειαν καλὴν καὶ ἀνεπίληπτον die lange Reihe von
Tugenden aufgezählt, worin die ἐγκράτεια beſteht, ſie folgten alle
im Accuſativ als erklärende und ausführende Appoſitionen, ohne
Zeitwort. Deutlich zeigt dies die Ueberſetzung des Ambroſius:
ingentem scilicet praeclaramque atque irreprehensibilem
— vielleicht hatte er noch μεγάλην καὶ καλὴν καὶ
ἀνεπίληπτον vor ſich — ciborum linguaeque continentiam,
lecti duritiam, humilitatem u. ſ. w., er hat nur Accuſative, kein
Zeitwort. Urſprünglich dürfte der Anfang der Reihe ſo gelautet
haben: βρωμάτων τε καὶ γλώσσης καρτερίαν, χαμαικοιτίαν
τε καὶ ταπεινοφροσύνην, πραότητα καὶ πίστιν u. ſ. w., je zwei
und zwei Tugenden mit einander verknüpft. Wer nun im erſten
Gliede die richtige Verbindung überſah und ἐγκράτειαν βρωμάτων
τε καὶ γλώσσης verband, hatte darin das zu den Genitiven ge-
hörige Subſtantiv vorweggenommen, καρτερίαν konnte ſich nun leicht
in einen ferneren Genitiv τῆς θεωρίας verwandeln. Der Ueberſetzer war, im gleichen Falle, gezwungen, ſtatt der beiden ſinnverwandten Subſtantive nur eines zu geben. Wie Ambroſius,
überſetzt auch Voß: summam, praeclaram atque irreprehensibilem ciborum et linguae temperantiam, lecti duritiem
[am Rande humi cubationem] humilitatem u. ſ. w. Bei der
Lesart des Orforder-Römiſchen Textes: βρωμάτων καὶ γλώσσης
κρατήσαντες paßt κρατεῖν zu γλώσσης, „ſeine Zunge beherrſchen“;
aber was iſt βρωμάτων κρατεῖν, „die Speiſen beherrſchen“? wo-
gegen καρτερίαν beiden Genitiven gerecht iſt: „Enthaltſamkeit im
Eſſen und Reden.“ Man hat alſo die Wahl: entweder iſt die
Verbindung der beiden Dinge βρώματα und γλώσσῃ mit κρατεῖν
ein neuer Beleg für die früher beobachtete Ungeſchicklichkeit des
Ueberſetzers des Orforder-Römiſchen Textes, der dann durch die Ver-
balwendung auch noch eine Anakoluthie in den Satz brachte; oder
aber κρατήσαντες iſt Schreibfehler aus καρτερίαν oder dem gleich-
bedeutenden καρτέρησιν. Das sectantes vero in den beiden alten
Ueberſetzungen erklärt ſich einfach. Der Verſchiedenheit der Ge-
genſtände gerecht zu werden, haben ſich die Ueberſetzer der Um-

ſchreibung bedient: escarum abundantiam ac linguae in-
temperantiam cohibentes, worauf nun folgen mußte:
sectantes vero humilitatem cordis u. ſ. w. Boß fügt
gar mehreren der folgenden Glieder ein neues Zeitwort bei, man
lieſt bei ihm: voluntariamque paupertatem stricte ser-
vantes, et ab omnibus caducis ac fragilibus terrenisque
rebus se abstrahentes, ac vitam virtutibus decoratam
agentes, et in vigiliis orationesque assiduas lacrimis ac
compunctione irrigatas salubriter incumbentes. Sollen
wir nach dem Vorgange von J. Gildemeiſter den Schluß ziehen,
es ſei bei jedem jener Glieder ein Zeitwort ausgefallen? Vielmehr
ſind die alten Ueberſetzungen erſichtlich grade die Wiedergabe des
eben angegebenen, nur aus Subſtantiven beſtehenden Textes.

Wenn in der Flugſchrift S. 13 zu der Stelle S. 14/₁:
ἐὰν γὰρ προέπεμψας ταῦτα, θάρσει, ὅτι εἰς ἀνάπαυσιν
ἀπέρχῃ· εἰ δὲ οὐδὲν τοιοῦτον προέπεμψας, τί ἐν τῇ μόνῃ
παροξύνεις τὸν πλησίον; bemerkt wird: „Den in beiden Texten
fehlenden Nachſatz, den auch Ambroſius Camald. nicht hat, füllt
die ältere Ueberſetzung richtig aus: perdidisti animam tuam,“
ſo iſt eines dabei überſehen. Ambroſius hat: Si vero nihil eiusmodi (das οὐδὲν τοιοῦτον der Berliner Handſchrift, die Oxforder-
Römiſche Ausgabe hat οὐδὲν τούτων) praemittere curasti: infelix quid in mansione proximum irritas? Boß überſetzt: At
si nihil eiusmodi praemiveris, quid miser in huius vitae
mansione proximum exacerbas? Beiden Ueberſetzungen fehlt der
Nachſatz, allein ſie haben im zweiten Gliede ein Wort mehr, als die
griechiſchen Texte, die eine infelix, die andere miser. Das dieſen
Worten entſprechende Originalwort dürfte im Sinne von infelix es, miser es, ἄθλιος εἶ, πανάθλιος εἶ, den Nachſatz zu
εἰ δὲ οὐδὲν τοιοῦτον προέπεμψας gebildet haben, und das perdidisti animam tuam der alten Ueberſetzung eine allgemeine
Wiedergabe deſſelben ſein. Es ſtand auf der Gränze der beiden
Sätze, bei Ambroſius befindet es ſich noch an der Spitze des
zweiten Gliedes vor dem Frageworte. Wir hätten da wieder ein
Beiſpiel, daß ein auf der Gränze zweier Sätze ſtehendes Wort von
dem einen Ueberſetzer zum früheren, vom andern zum folgenden

Satze gezogen wurde. Einmal in dem zweiten Satz, zu dem
es nicht gehörte, gestellt, fiel es endlich aus.

Daß das Urtheil in der Flugschrift überall nicht maßgebend
ist, wo die doppelte Uebersetzung ins Spiel kommt, kann nicht
wundern. Die Berliner Handschrift hat S. 3/₁₄: τὸ ἐναρχθὲν
αὐτοῖς ἐπιτελέσαντες ἕως τῆς τελευταίας ἀνεμποδίστως,
die Oxforder-Römische Ausgabe 42/₄₃ ἕως τῆς τελευτῆς.
Wird nun hiezu Flugschrift S. 14 bemerkt: „τελευταίας ist
Adjektiv, das hier nicht paßt, R. hat richtig τελευτῆς“, so trifft
das nicht zum Ziele. Beide Ausdrücke bedeuten das nämliche:
ἕως τελευτῆς und ἕως τελευταίας ꝛc. ἡμέρας, wie ἡ προτε-
ραία, ἡ ὑστεραία, ἡ ἐπιοῦσα, woran der Grieche bekanntlich
so sehr gewohnt ist, daß man jene Ausdrücke häufiger ohne, als
mit dem Hauptwort antrifft. Ganz so wechseln in den beiden
Uebersetzungen πρωῒ und πρωΐας ꝛc. ὥρας. Man vgl. S. 14/₈
[51/₆]: R. πρωῒ γὰρ ἔχεις χωρισθῆναι ἀπ' αὐτοῦ, B. πρωΐας
γὰρ κ. τ. λ. Wenn aber Flugschrift S. 15 gesagt wird, in der
Römischen Ausgabe S. 41/₄₃ heiße es besser: ἡμεῖς δὲ τοὺς
φονευθέντας ἀποστόλους καὶ λιθοβοληθέντας προφήτας ἀναγινώσκοντες εἴ τῇ ὑπολαμβάνομεν ταῦτα λέγεσθαι, als
in der Berliner Handschrift ἀναγινώσκοντες γελῶμεν; oder
dort S. 46/₄₇ stehe besser: τὸ γὰρ στόμα, μὴ φυλάσσων μυστήρια καρδίας, κλέπτει τὰς ἐνθυμήσεις αὐτῆς, als hier
κλέπτεσθαι τὰς παρ' αὐτῆς ἐνθυμήσεις ποιεῖ, so fragt
man, was sich J. Gildemeister eigentlich bei solchen Varianten
gedacht hat? Sie hätten ihn auf die doppelte Uebersetzung führen
dürfen.

J. Gildemeister ist so weit gegangen, Flugschrift S. 18
„eine Anzahl grammatischer, durch den Itacismus entstandener
Fehler“ aufzuführen, wo im Berliner Text bei ἵνα, μή u. dgl.
der Indikativ statt des Conjunktivs steht. Mir wird bei dieser
Gelegenheit ein Repetitorium aus dem kleinen Buttmann zugedacht.
Als ob im kleinen oder auch nur im großen Buttmann die griechische Grammatik des IV. und der folgenden Jahrhunderte angetroffen werde! Bekanntlich schrieb man in den spätern Zeiten
manches, was in Grammatik und Diktion von dem alten Sprach-

gebrauch abweicht. Soll der Herausgeber das alles ändern? Wo
wäre da die Gränze? Ich that, was man zu thun pflegt: beim
ersten derartigen Falle S. 4/₁₈ ἵνα ἐπιμήσει merkte ich ein Sic
cod. an, und nun druckte ich die jedesmaligen Indikative der Handschrift ab. Daß sie nicht durch den Itacismus entstandene Schreibfehler sind, sondern auf schwankender Grammatik beruhen, zeigen
Fälle wie das vom Denuncianten selber angeführte μὴ ἄξεις für
μὴ ἀγάγῃς. Beruft er sich auf die Römische Ausgabe, die in den
betreffenden Stellen das Richtige habe, so hat er, in seiner Art
klug, grade Stellen ausgesucht, wo in der Römischen Ausgabe
der rechte Modus steht. Daß aber auch diese Ausgabe von solchen
unrichtigen Indikativen angefüllt ist, und ihr Text in dieser Hin-
sicht durch die Berliner Handschrift ebenso oft berichtigt wird, wie
umgekehrt, davon freilich dürste der Leser wieder nichts erfahren.
In der Römischen Ausgabe stehen die Beispiele zum Theil dicht
neben den vom Denuncianten angezogenen der Berliner Handschrift, sogar in denselben Sätzen. So hat die Berliner Handschrift S. 18/₁₀ [54/₂₀] ἵνα ῥύσεταί με ἐκ τοῦ πλήθους τῶν
ἀνωμῶν μου, καὶ κατασκηνώσῃ με κ. τ. λ., die Oxford-
Römische Ausgabe ἵνα ῥύσηται — καὶ κατασκηνώσει.
Die Oxford-Römische Ausgabe bringt S. 42/₂₃ [3/₈] μὴ σή-
μερον χαμαικοιτήσεις καὶ αὔριον κλινοκοιτήσεις, die
Berliner Handschrift χαμακοιτήσῃς καὶ κλινοκοιτήσῃς. In der
Oxford-Römischen Ausgabe liest man S. 66/₈ [19,₈] ἐὰν ποθεῖς
φυγεῖν καὶ ἐπιθυμεῖς, in der Berliner Handschrift ἐὰν φύγῃς
καὶ ἐπιθυμήσῃς. Jene Ausgabe hat S. 66/₂₀ [19/₁₅] ἐὰν ἐπι-
ζητεῖς, die Handschrift ἐπιζητήσῃς; die Ausgabe S. 81/₂₄
[27/₄] ἐὰν ὑστερεῖται, die Handschrift ἐὰν ὑστερῆται u. s. w.
u. s. w. In der Oxford-Römischen Ausgabe sind sogar wirkliche
durch den Itacismus entstandene Fehler abgedruckt, wie ἰσονορήσθη,
κατήκαται, ὑψηπέτη u. s. w.

Außerdem wird mir Schuld gegeben, den Text an einzelnen
Stellen geändert und verschlechtert zu haben. Den Beweis er-
bringt I. Gildemeister Flugschrift S. 5 durch ein Sic, welches
ich S. 2/₈ zu τὰ ἀκουτιζόμενα οὐ παραδεχόμεθα setzte, während das Wort ἀκοντίζω doch vollständig unanstößig sei und in

der Septuaginta vorkomme. Daß in solchen Fällen der Grieche
die vergangene Zeit zu gebrauchen pflegt, scheint J. Gildemeister
nicht geläufig zu sein. So verbesserte ich S. 23/₆ κατεβάλ-
λοντες in καταβαλόντες, und die Oxforder-Römische Ausgabe be-
stätigte die Aenderung. In dem zweiten, 'Flugschrift a. a. O.
angezogenen Beispiele, wo ich statt καθαριζοντες schrieb καθαγίζον-
τες, kam es darauf an, des Bildes gewiß zu sein, das der
Schriftsteller anwandte. Aus dem Berliner Texte war es nicht
mit Sicherheit zu entnehmen. Nun überzeugt freilich der Zusatz
τῶν ἀνημιῶν in dem Oxforder-Römischen Texte, der dem Verfasser der Flugschrift, aber nicht mir vorlag, daß καθαρίζειν richtig ist. Daß aber der in der Flugschrift angegebene Grund,
καθαγίζειν bezeichne „eine Verbrennung nur zu bestimmtem Zwecke
des Opferus, des Räucherns u. s. w." nicht Probe hält, das Wort
vielmehr längst einen allgemeineren Gebrauch erlangt hatte, darüber
kann das Lexikon belehren. Charakteristisch ist das dritte und
letzte Beispiel: statt νομίμως (gesetzmäßig) ἀθλησάτω schrieb ich
μονίμως (ausdauernd) ἀθλησάτω. Die Aenderung war übereilt,
da der Ausdruck ächt ist. Statt nun, wie man erwarten sollte,
einfach darauf aufmerksam zu machen, heißt es in der Flugschrift:
„Wer ein wenig im N. T. Bescheid weiß, erkennt, daß
es Worte aus II. Tim. 2,5 sind." Es soll also damit ange-
deutet werden, daß ich auch im N. T. nicht bewandert sei. Ich
frage, wer kann einen solchen Vordersatz dem grade einmal im
N. T. vorkommenden Ausdrucke νομίμως ἀθλεῖν voranschicken?

Wir sind hier bei dem Punkte angelangt, welchen der Leser,
soll er richtig urtheilen, etwas näher kennen muß, nämlich bei
der Art und Weise, wie J. Gildemeister seine Angriffe
zurechtzulegen weiß. Traten in seinen sachlichen Bemerkun-
gen Blößen und Schwächen zu Tage, so ist er doch Meister
in gewissen feinern Künsten, welche die Darstellung betref-
fen. Er ist dies in einem Grade, daß der Leser, der mit
der Sachlage nicht näher vertraut ist, es kaum ahnen möchte.
Mancher wird, selbst am hiesigen Orte, die Flugschrift empfangen
und durchblättert haben, ohne das Programm näher zu kennen.
Nicht wenige dürften die Kritik in Zarndes literarischem Central-

blatt gelesen haben, denen das Programm gar nicht zugänglich
war. Um so mehr muß ich kurz hier die Mittel charakterisiren,
deren sich der Denunciant bedienen zu dürfen geglaubt hat, um
seine Anklage gegen mich auszustatten.

Ich rede nicht von dem in Scene gesetzten Nachweis, daß
das in der Handschrift an verkehrter Stelle zwischen fol. 8 und 10
eingesetzte und deßhalb von mir am Schluß besonders abgedruckte
Blatt zwischen fol. 15 und 16 gehört. Mit vielen verblindlichen
Redensarten wird sowohl bei Zarncke, als in der Flugschrift mir
vorgehalten, ich hätte die Lücke finden und durch das versetzte Blatt
schließen müssen. Es hätte genügt, und wäre zudem weit ange-
messener gewesen, wenn dem Leser mitgetheilt worden wäre, daß
das fragliche Blatt in der Römischen Ausgabe an der
rechten Stelle steht, so daß, mit der Ausgabe in der Hand,
nun jedes Kind die Stelle aufzeigen und nachweisen konnte. Freilich hätte J. Gildemeister, wäre jenes geschehen, sich eine der
wohlfeilsten Gelegenheiten, den Gegner herabzuwürdigen, abge-
schnitten. Es ist in der That nichts leichter, als unter solchen
Umständen weise zu sein. Auch spreche ich hier nicht weiter von
dem Beweise, der dafür, daß ich die Unrichtigkeiten meines Textes
nicht verbessert habe, erbracht wird durch Verschweigen der
zahlreichen Verbesserungen, die ich wirklich gegeben habe, und
welche nun die Oxforder-Römische Ausgabe einfach bestätigt,
während J. Gildemeister selbst nur eine Stelle mit zweifelhaftem
Erfolge zu ändern versucht hat. Ebensowenig werde ich bei dem
Spotte verweilen, der auf mich und die „Hauptbibliothek im
Staate der Intelligenz" bei Zarncke und in der Flugschrift S. 6
gefallen ist, daß die übrigen Bestandtheile der Handschrift nicht
ermittelt wurden. Sie ergaben sich sofort aus dem Aßmani-
schen Drucke und waren längst von mir auf einem der Berliner
Handschrift eingefügten Blatte so angemerkt, wie ich sie oben
aufgeführt habe. Es soll vielmehr hier von den eigentlichen
Verdrehungen der Thatsachen die Rede sein.

Mir wird nachgesagt, „Beweise" für Malarius als den
Verfasser der Bruchstücke aufgestellt zu haben. Sie werden der
Reihe nach aufgeführt Flugschrift S. 7: erster Beweis,

zweiter Beweis, dritter und vierter Beweis, um bei
den einzelnen zu dem Schlusse zu gelangen, daß sie für jeden
andern das Gegentheil beweisen. Sehen wir, wie sich die
Sache verhält.

Bei der Frage über den Verfasser der Bruchstücke ging ich
von einer vermeintlich durch die Hand Buttmanns vermittelten
Ueberlieferung aus. Er hatte die ursprüngliche, seitdem umgebun-
dene Handschrift geordnet und den Inhalt auf dem Vorsetzblatte
der gegenwärtigen Handschrift aufgezählt. Seine Aufzählung ließ
keinen Zweifel, daß er hinter dem Blatte, das anfängt τοῦ κυρ-
γχ.ηϑῆναι, eine Schrift des Makarius antraf. Ihm war der
Berliner Handschriftenkatalog gefolgt, der in dem Lande „Fragmenta Macarii" verzeichnete. Ihm folgte auch ich, indem ich
das hinter jenem Blatt befindliche Stück dem Makarius zuschrieb.
Der Ueberlieferung gegenüber hatte ich mich mit einer Anzahl
wissenschaftlicher Zweifel abzufinden, die mir aus den Bruchstücken
selber auffliegen. Ich wies nach, daß sie die Möglichkeit der
Autorschaft des Makarius nicht ausschlössen. Ich zeigte, daß
in den Bruchstücken vorkommende Anspielungen auf Zeitereignisse,
wie Erdbeben, Sonnenfinsternisse, Kriege der Perser und Barbaren,
daß Vorstellungen, wie die vom kommenden Antichrist, und Be-
zeichnungen, wie die „Väter vor uns," die 40, 50 oder mehr
Jahre sich dem asketischen Leben hingaben, mit einem Schriftsteller des IV. Jahrhunderts und insbesondere mit Makarius nicht
unvereinbar seien. Diesen Nachweis bringt meine Vorrede.
Der mit den bisher bekannten Homilien des Makarius nicht genau
übereinstimmenden Schreibweise wird der für Makarius angemessene
Inhalt gegenübergestellt. Erdbeben, Sonnenfinsternisse, Kriege der
Perser und Barbaren werden aus der Lebenszeit des Makarius nach-
gewiesen, die χώρα ἡμῶν, welche diese Kriege verwüsteten, von dem
Römischen Reich im Gegensatz zu den Barbaren verstanden [1]).

---

1) Flugschrift S. 7 heißt es: „Es ist kein Geheimniß, daß der
Cardinal Baronius zum Jahr 340 §. 34 und der Abbé Tillemont VIII,
800 der Quartausgabe von eben dieser Stelle reden und sie chrono-
logisch unterzubringen suchen". Diese Citate finden sich auch bei Assemani
T. II p. XLIV.

Die Vorstellung vom Antichrist wird als damals geläufig nachgewiesen. Endlich wird durch die Chronologie dargethan,
daß die Hinweisung auf die „Väter vor uns" grade bei Makarius
möglich sei. Die bei diesen Auseinandersetzungen gebrauchten
Ausdrücke: Etsi ... tamen, Neque ... obstare viden-
tur, Idem de ... statuendam est, ... Ita ut neminem possit of-
fendere, Magis me movet ... at vero sind schon allein hin-
reichend, zu zeigen, in welchem Sinne diese Dinge wirklich besprochen worden sind. Das alles aber nennt nun der Denunciant
Beweise für die Autorschaft des Makarius. Ich zeige,
daß jene Umstände nicht maßgebend sind, den Makarius als Verfasser auszuschließen, er schiebt unter, ich beweise, daß wegen
dieser Umstände Makarius der Verfasser sei. Die Verdrehung ist
schlau und wohlberechnet. Der Leser kennt die Sache nicht näher und
staunt über das von mir angewandte Beweisverfahren. Wer sich einmal dazu entschließt, zu Gunsten der Polemik von der strikten Wahr-
heit abzuweichen, findet leicht hundert Mittel und Wege, selbstge-
schaffene Widersprüche und Schwächen dem Gegner vorzuwerfen.

Die Entstellungen enthalten sich in einer für die literarische Fecht-
lunst besonders lehrreichen Weise da, wo von dem Verfasser der Bruchstücke und von der Fehlerhaftigkeit des Berliner Textes die Rede
ist. Wie hat man es anzufangen, wenn man eine Behauptung,
die der Gegner nie und mit keiner Silbe aufgestellt hat, doch als
eine von ihm ausgehende bekämpfen will? Man bediene sich der
Formel, welche Flugschrift S. 9 angewandt ist: „Wie nun, wenn
gesagt würde, oder vielleicht gesagt worden ist" u. s. w.
Ich habe, was da folgt, mit keiner Silbe gesagt. Gleichwohl
soll mit dieser auserlesenen Formel unvermerkt dem Leser die
Meinung beigebracht werden, daß ich doch einmal irgendwo und
irgendwie es gesagt haben müsse: denn was sollten die Worte
sonst bedeuten? — Und wie hat man es anzulangen, wenn um jeden
Preis dem Gegner vorgeworfen werden soll, daß er Fehler nicht
verbessert habe, die er hätte verbessern können, wenn er etwas
vor sich gehabt hätte, was er aber in Wirklichkeit nicht vor sich
hatte? Man denkt vielleicht, dafür gebe es doch kein Mittel. Aber
weit gefehlt, die Flugschrift kennt das Mittel und wendet es an.

Man muß den Leser allmälig vergessen zu machen suchen, wie die Sache eigentlich liegt. Mir war unbekannt, daran knüpft sich ja der ganze Angriff, daß die Bruchstücke einer unter Ephräms Namen bereits veröffentlichten Schrift angehören, der Oxforter-Römische Text lag mir nicht vor. Demungeachtet schreibt J. Gildemeister S. 13: „Es hat keinen Zweck, neben dem vorhandenen Text einer schlechten Handschrift eine ebenso schlechte abzudrucken, ohne wenigstens durch Vergleichung beider die verderbten Lesarten zu bessern. So sind in das Programm eine Anzahl Fehler aufgenommen, wofür das Richtige jeder — in der Römischen Ausgabe hätte finden können." Und wieder S. 14: „Anderswo hätte für entschieden sinnlose Lesarten die Römische Ausgabe das Correctiv geboten." Endlich wird auch noch diese hypothetische Form fallen gelassen, es heißt S. 14: „Mehrfach fehlen unentbehrliche Worte, die aus der Ausgabe ergänzt werden konnten." Fürwahr, die Pamphletistengilde kann von diesem Meister noch Manches lernen!

Ich kehre zu den sachlichen Erörterungen zurück, um zum Schlusse noch mit kurzen Worten den Verfasser der Bruchstücke zu besprechen. Die vermeintlich durch Bultmanns Hand vermittelte Ueberlieferung war irrig. Den Inhalt der Handschrift mit der Ausgabe von Ephräms Werken verglichen blieb kein Zweifel, die Schrift des Malarius war aus dem Bande entfernt worden, und konnte dann nur die Berliner Handschrift Nro. 16 sein. Diese Aufklärung der Sache schrieb ich bereits im August an die Königliche Bibliothek in Berlin. Bultmann hätte nicht in die Irre geführt, wenn er, weniger lakonisch, den Verbleib „des Malarius", der ursprünglich mit der gegenwärtigen Handschrift zusammengeheftet war, näher bezeichnet hätte. Es ist dagegen unrichtig, wenn Flugschrift S. 10 aus einer angeblichen Aehnlichkeit der Malarius-handschrift gefolgert wird, daß sie ursprünglich zu unserer Handschrift Nro. 18 gehört habe. Die Malariushandschrift ist von anderer Hand, älter, hat anderes Papier ohne Wasserzeichen, und viel höhere Columnen. Um so weniger war ich ursprünglich veranlaßt, in ihr den Malarius Bultmanns zu vermuthen.

Als Verfasser nennen die Handschriften, in welchen die

Schrift angetroffen wird, Ephräm den Syrer. J. Gildemeister
gibt aber Flugschrift S. 10 zu, daß es bei jeder griechischen
Schrift unter Ephräms Namen einer besonderen Untersuchung über
die Aechtheit bedürfe. Er hält dafür, die Schrift sei „ein Cento
aus Ephrämischem Stoffe mit vielen Zuthaten." Unächt sei das
von den „Vätern vor uns" Gesagte, weil Ephräm den Ausdruck
„Vater" so nicht gebrauche; dies und die Voraussetzung „eines bereits entarteten Zustandes des Mönchs- und Klosterlebens" weise
auf eine spätere Zeit hin. Dagegen beweise für Ephräm die
Stelle von den Perserkriegen mit den Worten ἠρήμωσαν ἡμῖν
τὴν χώραν, dann Vorstellungen, wie die beim Weltgericht herumlaufenden Knochen, und Bilder, wie das von der Biene und von
der Zinsenrechnung, welche sich auch sonst bei Ephräm fänden.
Er hätte diesen Beispielen das Bild von dem Adler Progr.
S. 27/₁₀ [61/₃₅] beifügen können: ἀετός — συνελήφϑη τὸ
ἄκρον τοῦ ὄνυχος ἐν τῇ παγίδι, καὶ διὰ τούτου τοῦ οἰκτροῦ
ταπεινοῦται πᾶσα ἡ ἰσχὺς αὐτοῦ, καὶ ὅλον τὸ σῶμα αὐτοῦ
ἔξωϑέν ἐστι τῆς παγίδος, ἡ δὲ ἰσχὺς αὐτοῦ ὅλη δέδεται ἐν
αὐτῷ, welches auch in den Opp. Syr. III, 682 also vorkommt:
Accidit, ut avis in laqueum incidens parvula haereat ungue,
quin aliquid illi prosit alarum remigium. Summa unguicula,
quae nullius momenti est, capulo comprehensa, etsi reli-
quae corporis partes liberae sint, totam tamen corpus im-
peditur.

Wenn die πατέρες späteren Zusatz beweisen sollen, wo
bleiben dann z. B. die beiden Schriften Εἰς πατέρας τελευ-
ϑέντας Assen. I, 172 u. 175, von denen die eine ausdrücklich
den Namen ihres Verfassers also nennt: δέομαι, ἀγαπητοί,
δέξασϑε παράκλησιν τοῦ ἁμαρτωλοῦ Ἐφραῒμ ἀδελφοῦ ὑμῶν
χαύνου? In beiden kehrt der Ausdruck ein über das andere Mal
in gleicher Weise wieder. In der ersten liest man S. 273/₁₀:
οἱ πατέρες γενόμενοι πρὸ ἡμῶν — οὐκ ἦσαν οὕτως
χαῦνοι. In der andern heißt es S. 175/₄₂ u. ₄₄: οἱ ὅσοι
πατέρες, S. 176/₃₄: ἵνα διηγήσωμαι πολιτείαν πατέρων
οἰκούντων τὴν ἔρημον, S. 178/₁₀: πατέρες ἐν ἐρήμῳ,
S. 179/₁₇: πατέρες ἐν τῇ ἐρήμῳ. Man vergleiche noch

S. 182/₁₉. Der h. Basilius sagt: Ποιμήν ἐστι — ὁ τῆς πνευματικῆς καθηγούμενος πολιτείας.¹). Palladius berichtet von der
ἄσκησις τῶν πατέρων — ἐν τῇ ἐρήμῳ²) und nennt die
beiden Makarius ἅγιοι καὶ ἀθάνατοι πατέρες⁴). Rufin bezeichnet die Häupter des ägyptischen Mönchthums als Patres mona-
chorum⁴). Der h. Hieronymus schreibt: Macarius vero et
Pambo et Isidorus et ceteri, quos Patres vocant ⁵).

Noch weniger hält das Argument von dem angeblich in den
Bruchstücken bezogenen, bereits entarteten Zustande des Mönchthums Probe. Wann träte nur eine paränetische Katechese auf,
ohne sich an ein sündhaftes Leben zu wenden? Und spiegelt nicht
dieser allgemeine Standpunkt sich auch darin ab, daß der Sprecher
überall sich selber mit einschließt? Findet dasselbe sich nicht allenthalben auch in seinen syrischen Schriften? Es heißt in der
ersten eben bezogenen Homilie Affem. I, 178: Οὐκ ἔστι νῦν
ἐν ἡμῖν ἀρετή — ἄσκησις — ἐγκράτεια — εὐλάβεια —
πραΰτης — ἀκτημοσύνη — ἀγρυπνία — ἀγάπη — ἀλλὰ
πάντες ἤμεθα ἄγριοι, ἀνήμεροι — πάντες τιμὴν ζητοῦμεν
— φιλοδοξοῦμεν — φιλοκτήμονες — χαῦνοι — ὑπνώδεις —
σκολιοί, εἰς φλυαρίαν εὔτονοι, εἰς τὰς εὐχὰς ὀκνηροί — εἰς
τὴν ἀγάπην ψυχροί, καὶ εἰς τὸν θυμὸν θερμοί — mit dem
Ausruf: αἴμοι, ἀγαπητοί μου, εἰς ποίαν ἰλὺν κακῶν νῦν ἐφ-
θάσαμεν ἡμεῖς; Alle Homilien aller Zeiten haben den ähn-
lichen Ton. Etwas aber, was in Bezug auf das Leben der
Mönche in eine besondere geschichtliche Thatsache übertragen werden könnte, wird in den Bruchstücken nicht angetroffen. Auch
würde dies Argument zu viel beweisen; da der angebliche ent-
artete Zustand des Mönchthums der Schrift von Anfang bis
Ende zu Grunde liegt, so würde die Unächtheit der ganzen Schrift
daraus folgen.

1) Constit. monast. c. 20. Opp. ed. Garnier. II, 556.
2) Hist. Laus., Meurs. Opp. VIII, 334.
3) Ebend. 889.
4) Rufin. Hist. eccl. lib. 2 c. 4 Migne Patrol. T. XXI, 511.
5) Hieron. Ep. 22 Opp. I, 118.

Was sonst noch unter den „vielen Zuthaten" gemeint sei, die in der Schrift vorkommen sollen, kann ich nicht errathen.

Die Gründe also gegen den Ephrämischen Ursprung sollen nicht schwer ins Gewicht. Was die von J. Gildemeister für die Autorschaft Ephräms erbrachten anbetrifft, so wäre doch zu bedenken, daß Vorstellungen und Bilder gerade, weil sie in Ephräms Schriften angetroffen werden, von Spätern nachgeahmt sein können. Was hindert, daß der Nachkömmling eine Vorstellung, ein Bild, das dem frühern Schriftsteller geläufig ist, sich aneignet und in eigener Schrift verwerthet? Andere Bilder, die mit nachweislich von Ephräm gebrauchten innere Verwandschaft bekundeten, würden stärkere Beweiskraft haben: die nämlichen könnte jeder griechische Mönch der Folgezeit in seiner Homilie angebracht haben.

Dazu kommt, daß die Vorstellung von den herumlaufenden Knochen, die ihre früheren Verbindungen aufsuchen, an Ezechiel XXXVII, 7 anknüpft: καὶ ἐγένετο σεισμός καὶ προσήγαγε τὰ ὀστᾶ ἑκάτερον πρὸς τὴν ἁρμονίαν αὐτοῦ. Als biblische lehrt die Vorstellung auch bei andern Vätern wieder. Theodoret schreibt mit ähnlichem Ausdrucke: τὰ δὲ ὀστᾶ, φησὶν [ὁ προφήτης], ἑώρων θέοντα καὶ τὴν οἰκείαν ἁρμονίαν ἀναλαμβάνοντα[1]). Auch das Bild von der Biene ist biblisch, es lautet Prov. VI, 8: πορεύθητι πρὸς τὴν μέλισσαν καὶ μάθε ὡς ἐργάτις ἐστί, τήν τε ἐργασίαν ὡς σεμνὴν ποιεῖται — ποθεινὴ δέ ἐστι πᾶσι καὶ ἐπίδοξος, καίπερ οὖσα τῇ ῥώμῃ ἀσθενής, τὴν σοφίαν τιμήσασα προήχθη. Das Bild lehrt in der alten kirchlichen Literatur überall und in den verschiedensten Formen wieder; man trifft es bei Clemens von Alexandrien bei Origines, bei Basilius, bei Chrysostomus, bei Gregor von Nazianz, bei Gregor von Nyssa, auch) Theodoret und Makarius haben es.

Was einzelne Stellen betrifft, so findet sich eine in der Schrift, die vor allen auf einen bestimmten Verfasser hinweisen dürfte. Sie lautet in der Oxforder-Römischen Ausgabe S. 60,₂₂:

---

1) Theodoreti Interpretatio in Esechiel. Opp. II, 4, S. 996.

Ὁ πειρασθεὶς δύναται παραινέσαι τοῖς ἀπείροις· καὶ ὁ λῃ-
στεὺς περιπεσὼν ἔμπορος τοῖς ὁδοιπορῦσι τὴν ἀσφάλειαν
ὑποτίθεται. ἐπειδὴ οὖν ἐκ μέρους ἐπειράθην, λέγω τῇ συνέσει
σου· διὰ γὰρ τὴν ἐμὴν χαυνότητα πρὸς ὀλίγον ἠσφαλισά-
μην, καὶ πάλιν ἡ ῥᾳθυμία με εἰς τὸ αὐτὸ κατέστησε. διὸ
συμβουλεύω ὑμῖν κ. τ. λ. Der Berliner Text 261₇ hat: ὁ τοίνυν πειρασθεὶς δύναται νουθετεῖν τοὺς ἀπείρους, καὶ ὁ εἰς
χεῖρας λῃστῶν ἐμπεσὼν τοὺς ὁδοιπόρους ἀσφαλίζεσθαι δύναται. ἐπεὶ οὖν ἀπὸ μέρους ἐπειράσθην, πρὸς ὥραν κατη-
σφαλισάμην σε· ἡ γὰρ ἐμὴ ῥᾳθυμία καὶ ὀκνηρία εἰς τὸ αὐτό
με κατέστησε. διὰ γοῦν τοῦτο βούλομαί σοι συμβουλεῦσαι
κ. τ. λ. Obſchon die Stelle zu denjenigen gehört, welche in den
beiden Terten wenig übereinſtimmen, — man ſieht, die Beziehung
der einzelnen Beſtandtheile des Originals zu einander iſt verſchieden aufgefaßt; die Terte treten auch ſo unſicher auf, daß ſelbſt
die lateiniſchen Ueberſetzer nach verſchiedenen Seiten hin gehende
Verſuche machen, einen Sinn herzuſtellen — ſo iſt doch einer
unverkennbar, der Sprecher nimmt auf ſein früheres Leben Bezug
und klagt ſich eigener Schwäche an, ganz in der Weiſe, wie man
es bei Ephräm, namentlich auch in ſeinen ſyriſchen Schriften gewohnt iſt. Vgl Aſſem. I, 119. 18. Opp. Syr. III, 373. 380. 381.
385. 433. 458. 522. u. ſ. w. Der rein perſönliche Charakter jener
Stelle ſcheint mir für den Verfaſſer bezeichnender, als ein ἠρήμωσαν
ἡμῶν τὴν χώραν, welches, wenn man auch die Möglichkeit einer
allgemeinern Deutung — ihr ſtände mehr noch das ἠρήμωσσαν, als
das ἡμῶν τὴν χώραν ſelbſt, entgegen -- nicht zugibt, ſondern es
auf ein beſtimmtes Land, auf Meſopotamien, bezieht, doch noch
immer keine beſtimmte Perſon bezeichnet. Aehnlich und zugleich
in Verbindung mit einem Ephrämiſchen Bilde heißt es im Verlaufe unſerer Schrift S. 67/₄₃: Οἴμοι ἀγαπητοί μου, ὅτι
ἐγενόμην ὥσπερ μηχανὴ χαλκείως πληρουμένη καὶ ἐκκενουμένη,
καὶ τοῦ σίτμου μηδὲν καρπουμένη, διηγησάμενος τὰς ἀρετὰς
τῆς Χριστοῦ ποίμνης, καὶ μηδὲν ἐμαυτῷ ἐπιγενώσκων. In dem
Abbrucke Aſſem. II, 373 lauten die Worte: οὕτως κἀγὼ διηγησάμενος τὰς ἀρετὰς τοῦ ποιμνίου τοῦ Χριστοῦ ἀπὸ πάντων
ἀπέχω.

Auch auf Folgendes darf für die Autorschaft Ephräms Bezug
genommen werden. (Gregor von Nyssa Opp. III, 606 meldet:
S. Ephräm, erzähle man, sei, unvermögend, die Fülle seiner Empfin-
dungen auszubrücken, in die Worte ausgebrochen: ἄνες, ὦ δέ-
σποτα, τὰ τῆς χάριτός σου κύματα. Sie nun haben wir in der
Oxforder-Römischen Ausgabe S. 69/₉₃ beim Schlusse der Schrift
also: Σωτὴρ τοῦ κόσμου Χριστέ — ἄνες ἀπ' ἐμοῦ τὰ κύματα
αὐτῆς, nämlich τῆς χάριτος. Auch in der Berliner Handschrift
finden sie sich fol. 109 in dem Fragmente, welches, wie S. 6
bemerkt wurde, den Schluß zu den Bruchstücken bildet, sie lauten
dort, in Uebereinstimmung mit Assem. II, 370: ἄνες μοι ἐντεῦθα
ἐκ τῶν κυμάτων αὐτῆς, nämlich τῆς χάριτος.

Endlich aber glaube ich noch auf einen allgemeineren, die
Schrift im Ganzen betreffenden Umstand aufmerksam machen zu
dürfen, aus welchem sich ein bestimmteres Ueberzeugungsmoment
ergeben möchte. Wer das Schriftstück für unächt hielte, würde
in ihm eine griechische Schrift erblicken wollen, welcher unrecht-
mäßig der Name des Syrers Ephräm beigelegt worden wäre, sei
es, daß ihr Verfasser gleich selbst diese Bezeichnung untergeschoben,
sei es, daß sich die Benennung im Verlaufe der Jahrhunderte
wegen der Aehnlichkeit ihres Inhalts von selbst gebildet hätte.
Vergleichen wir damit, was sich aus der Schrift selbst herausgestellt hat. Schon wer die beiden Texte einzeln für sich näher
ins Auge faßt, dem drängt sich die Vermuthung auf, daß sie
keine Originalschriften, sondern ein fremdes Idiom wiedergebende
Uebersetzungen sind. Sprache und Ausbruck, namentlich in dem
Oxforder-Römischen Texte, lassen allenthalben ein nichtgriechisches
Original durchblicken. Diese Vermuthung wird zur Gewißheit
durch die Vergleichung der beiden Texte miteinander. Wir haben
diese früher angestellt. Wenn wir dabei nicht bloß überall andere Ausbrücke, andere Redensarten und andere Wendungen,
sondern auch fast mit demselben Worten einen verschiedenen Sinn
wiedergegeben fanden, so daß selbst an einzelnen Stellen ein und
derselbe Begriff in dem einen Texte nach der einen, in dem andern nach der andern Seite gezogen war, so folgerten wir daraus,
daß zwei verschiedene Uebersetzungen vorliegen. · Jetzt wenden wir

dies Ergebniß auf die Frage über den Ursprung der Schrift an,
indem wir sagen: wir haben nicht ein griechisches Original vor
uns, welches fälschlich oder irrthümlich einem fremden d. h. nicht
griechischen Verfasser zugeschrieben wäre. Aber auch, wer die
Schrift nur in Bezug auf ihre Form für unächt halten und für
eine Compilation erklären wollte — der Verfasser der Flugschrift
ist in diesem Falle — würde gegenüber der beobachteten Sachlage
nicht geringen Schwierigkeiten und Unwahrscheinlichkeiten begegnen.
Die durch die ganze Schrift vertheilten Verschiedenheiten der
beiden Texte, welche eine doppelte Uebersetzung zeigen, würden zu
der Annahme nöthigen, daß die Compilation schon auf syrischer
Seite stattgefunden hätte. Ist doch kaum denkbar, daß, wäre sie
auf griechischer Seite veranstaltet gewesen, nun von anderer Hand
wieder selbstständig auf die syrischen Originalbestandtheile zurück-
gegangen worden wäre. Wie unwahrscheinlich aber ein zu Grunde
liegender syrischer Cento ist, liegt am Tage. Die Schriften des
h. Ephräm wurden bei dem großen Beifall, den sie allenthalben
fanden, sofort ins Griechische übertragen. Schon Hieronymus
las eine Schrift desselben in griechischer Sprache, er schreibt de vir.
illustr. c. 115: Ephraem, Edessenae ecclesiae diaconus, multa
Syro sermone composuit, et ad tantam venit claritudinem,
ut post lectionem Scripturarum publice in quibusdam eccle-
siis eius scripta recitentur. Legi eius de Spiritu sancto vo-
lumen, quod quidam de Syriaca lingua verterat, et acumen
sublimis ingenii, etiam in translatione, cognovi. Sozomenus
versichert, daß die Schriften Ephräms schon „zu dessen Lebzeiten
und noch immer“ ins Griechische übersetzt wurden, wenn er
Hist. eccles. III, 16, nachdem er bemerkt hat, daß griechische
Schriften, in fremde Sprachen übertragen, den hellenischen Schmelz
und ihre frühere Annehmlichkeit einbüßen, also fortfährt: ἐπὶ
δὲ τῶν Ἐφραΐμ λόγων οὐχ οὕτως· περιόντος τε γὰρ αὐτοῦ, καὶ
ἐλάττι νῦν, ἃ συνεγράψατο πρὸς Ἑλληνίδα φωνὴν ἑρμηνεύουσι·
καὶ οὐ πολύ ἀποδεῖ τῆς ἐν ᾧ πέφυκεν ἀρετῆς· ἀλλὰ καὶ
Ἕλλην ἀναγινωσκόμενος, ἐπίσης τῷ Σύρῳ εἶναι θαυμάζεται.
Wie wenig man nun unter solchen Umständen geneigt sein wird,

eine schon auf syrischer Seite vorgenommene Fälschung glaublich
zu finden, so natürlich ist anderseits die Annahme, daß bei den
Griechen alsbald von mehr als einer Seite Uebertragungen
Ephrämischer Werke veranstaltet worden, und so auch von unserer
Schrift verschiedene griechische Uebersetzungen auf uns gekommen
sind, gerade wie von der im Berliner Texte aufbewahrten Uebersetzung wieder, schon aus früher Zeit, verschiedene lateinische Uebertragungen vorliegen. Schenkt man Assemani Glauben, so ergibt
sich solches auch im Allgemeinen aus den vielen Handschriften, welche
in Rom angetroffen werden. Hat er zwar bei seiner Ausgabe,
wie wir fanden, keine nähern kritischen Untersuchungen über die
Texte der einzelnen Schriftstücke angestellt, so dürfen wir doch seinen
Worten vertrauen, wenn er behauptet, daß unter den Baticanischen
Handschriften „verschiedene Uebersetzungen derselben Schriften" sich
befinden. Er schreibt Bd. II S. XXV: Unius eiusdemque
Ephraemiani sermonis diversam interpretationem complures
nobis repraesentant Vaticani codices, und fügt hinzu: Sunt
qui in interpretando verbum de verbo reddidere; alii sensum
retinere contenti, graeci sermonis genio indulgentes circum-
locutionibus sunt usi; non pauci denique ob Syriacae
linguae difficultatem aut imperitiam a genuina etiam S. Patris
mente longius recessere. Was hier im Allgemeinen berichtet
wird, hat sich uns in Bezug auf die vorliegende Schrift unverkennbar herausgestellt. Wenn nun auch die Ueberlieferung der
Handschriften in Bezug auf den Verfasser an und für sich nicht
schwer wiegt — die dem Photius zugeschriebene παραίνεσις in der
Berliner Handschrift ist dafür ein naheliegendes Beispiel — so
erhält doch unter den oben angegebenen Umständen jene Ueberlieferung bindendere Kraft.

Ich schließe. Auf einen fortgesetzten Angriff habe ich mit
einer Reihe von Nachweisen geantwortet, welche geeignet sein dürften,
die Sachlage in ein klareres Licht zu stellen. Mit diesen Nachweisen glaube ich, sei es mein ursprüngliches Versehen, sei es
meine Schuld, gesühnt zu haben. Ob es auch für das Benehmen
des Denuncianten, für seine rasch- und maßlose Verfolgung eines

Collegen, für die weniger witzige als boshafte, in dem ganzen
Bereiche der Humanitätsstudien bis dahin unerhörte Art seines
persönlichen Angriffs, und für den hochfahrenden, geringschätzigen
Ton bei so geringer Einsicht in die Sache, eine Sühne gebe, wolle
nun der Leser entscheiden.